Estoicismo

Roberto Radice

Estoicismo

EDITORA
IDEIAS&
LETRAS

DIREÇÃO EDITORIAL:
Marlos Aurélio

COPIDESQUE:
Leo Agapejev de Andrade

CONSELHO EDITORIAL:
Avelino Grassi
Fábio E. R. Silva
Márcio Fabri dos Anjos
Mauro Vilela

REVISÃO:
Thiago Figueiredo Tacconi

DIAGRAMAÇÃO:
Tatiana Alleoni Crivellari

TRADUÇÃO:
Alessandra Siedschlag

CAPA:
Tatiane Santos de Oliveira

Título original: *Stoicismo*
© Copyright by Editrice La Scuola, 2013.
Via Antonio Gramsci, 26
25121 Brescia (Itália)
ISBN: 978-88-350-3290-8

Todos os direitos em língua portuguesa, para o Brasil,
reservados à Editora Ideias & Letras, 2021.

3ª reimpressão

Rua Barão de Itapetininga, 274
República - São Paulo/SP
Cep: 01042-000 – (11) 3862-4831
Televendas: 0800 777 6004
vendas@ideiaseletras.com.br
www.ideiaseletras.com.br

**Dados Internacionais de Catalogação na Publicação (CIP)
(Câmara Brasileira do Livro, SP, Brasil)**

Estoicismo/ Roberto Radice;
[tradução Alessandra Siedschlag]
São Paulo: Ideias & Letras, 2016.
Série Pensamento Dinâmico

Título original: *Stoicismo*
Bibliografia
ISBN 978-85-5580-004-7

1. Estóicos I. Título. II. Série.

15-09779   CDD-188

Índice para catálogo sistemático:
1. Estoicismo: Filosofia antiga   188

Sumário

Prefácio |9

Primeira parte: *Estoicismo antigo*

I. Características gerais |15

1. O Helenismo e a função terapêutica da filosofia |17
2. A fundação e a consolidação da escola estoica |19
3. A simplificação da filosofia: como é organizada a filosofia para os estoicos |27

II. A física |31

1. O organismo é vital e a vida é calor: o modelo de Heráclito |33
2. Exceções ao corporeísmo dos estoicos: os incorpóreos e o "Algo" |40
3. O organismo assegura a difusão da razão |45
4. O destino e a providência |51
5. O eterno retorno |57
6. Religião e filosofia. A alegorese filosófica e o primeiro encontro entre razão e fé |63

III. A lógica como gnoseologia |71

IV. Da lógica à moral. A psicologia e a antropologia | 91

1. Homens e deuses | 93
2. A alma humana | 101

V. A ética | 107

1. A linha naturalista | 109
2. A "bioética" | 110
3. A moral do homem e sua interiorização | 123
   3.1. A dupla *oikeiosis* e as virtudes | 131
4. Deveres e ações retas | 138
5. Liberdade e necessidade | 145
   5.1 Liberdade e necessidade em nível antropológico | 145
   5.2 Liberdade e necessidade em nível cosmológico | 155
6. O sábio (*sofos*) | 179

Segunda parte: *Estoicismo médio*

I. Panécio de Rodes | 193

II. Posidônio de Apameia | 203

Terceira parte: *Neoestoicismo*

I. Sêneca | 211

1. Os fundamentos da moral de Sêneca | 213
2. O suícidio | 223

II. Musônio Rufo | 227

III. Epíteto | 235

IV. Marco Aurélio | 247

Conceitos-chave | 259

Referências | 285

Índice onomástico | 295

Prefácio

Prefácio

Este livro pode ser considerado um perfil racional do pensamento estoico nos quinhentos anos de seu desenvolvimento, na Grécia e em Roma.

A base em que se apoia consiste de uma considerável quantidade de textos em parte apenas mencionados, em parte relatados totalmente, e que em seu conjunto fixam e justificam o percurso argumentativo da obra.

Deixando-nos guiar por tal conteúdo, ressaltamos não apenas os fatores de coerência do Estoicismo, mas também as linhas de fratura e às vezes as contradições; ressaltamos também os aspectos que geralmente não são abordados. Por exemplo, a força moral daqueles incontáveis estoicos romanos que pagaram com a vida sua coerência aos dogmas; o fato de que a escola estoica soube instaurar uma relação estreita e profícua com a religião, fundando uma ciência exegética de textos míticos e revelados baseada na alegoria e na etimologia. Isto produziu efeitos imensos, seja em geral, na relação entre fé e religião, seja historicamente, no processo de consolidação do primeiro pensamento cristão e no desenvolvimento da filosofia de fundo religioso característica da época imperial.

Espero que esta pesquisa possa contribuir para chamar, ao movimento da Estoá, a atenção de um público não especialista, mas com o gosto pela filosofia e pelas morais exigentes e austeras.

O autor

Primeira parte:
Estoicismo antigo

1. Características gerais

1. O Helenismo e a função terapêutica da filosofia

Quando o Estoicismo subiu à ribalta do pensamento grego (nos últimos anos do século IV a.C.), o Helenismo já estava no ápice e os esforços de Alexandre Magno[1] tinham produzido seus efeitos, entre os quais a anulação da liberdade[2] e da autonomia das *poleis* (cidades). Simultaneamente, havia modificado profundamente a percepção que os gregos tinham de si, porque, por meio das conquistas militares, Alexandre os havia colocado em contato com civilizações muito comparáveis às suas e, de certa forma, até superiores. Por isso, passaram por um tipo de *inadequação* e, por consequência, uma crise de identidade e de desconforto grave a ponto de manchar sua autoestima. Nessas condições, voltavam-se aos filósofos cada vez com frequência e expectativas maiores.

Tal condição é significativa porque constitui o plano de fundo comum dos movimentos filosóficos

---

1 Alexandre Magno morreu em 323 a.C.
2 Mas Felipe da Macedônia, já na metade do século IV, tinha afetado profundamente a liberdade das cidades gregas.

helenistas (epicureus, estoicos, céticos), todos com uma vocação consoladora e psicoterapêutica a realizar, devendo afinar sua capacidade de comunicação com um público sempre mais amplo e menos especializado, submetendo-se a uma vigorosa obra de simplificação da linguagem e dos conteúdos.

Na verdade, esse processo já atuava há tempos e não pode ser associado inteiramente à obra de Alexandre Magno, que, entretanto, sem dúvida o acelerou. Uma tendência análoga, por exemplo, havia sido desenvolvida à época da morte de Sócrates, que remonta a 399 a.C. Naquela ocasião, com a exceção de Platão, alguns discípulos fundaram escolas consideradas socrático-menores – trata-se da escola dos cínicos, dos cirenaicos e depois também dos megáricos e dos seguidores da escola de Élis –, os quais desmembraram o pensamento de Sócrates, que encontrava seu baricentro na noção da *psyché*, ou seja, da alma, compreendida como a faculdade da razão e a sede da vontade individual. Esse pensamento, privado de fundamento antropológico, tornou-se certamente menos coerente, mas também mais simples, seja do ponto de vista de conteúdo ou da comunicação, até assumir, em um certo momento, um caráter quase divulgativo.[3]

Uma evolução análoga aconteceu também na Academia na época da morte de Platão, em 347 a.C.,

---

3 Isto fica particularmente evidente no Cinismo da época imperial, que se torna um tipo de filosofia do proletariado, sem nenhuma substância teórica, mas com milhares de adeptos.

quando seus sucessores, talvez incapazes de manter os níveis do mestre, limitaram notavelmente a complexidade de sua filosofia, eliminando primeiramente a doutrina das Ideias[4] e o conceito a ela conectado de mundo suprassensível, e depois reduzindo o conteúdo da filosofia àquele da física, ética e dialética[5] em uma codificação que se mantém estável durante todo o Helenismo.

O mesmo pode ser dito a respeito do Perípato, depois da morte de seu fundador, Aristóteles,[6] já que Teofrasto − primeiro sucessor do Estagirita na direção de sua escola − impôs uma orientação do tipo científico e materialístico.

2. A fundação e a consolidação da escola estoica

Pode-se dizer que as escolas helenísticas, talvez com mais convicção do que as outras, seguiram a tendência geral *da fuga da transcendência*, considerada tipo de obscuridade, boa apenas para complicar a vida. De resto, esse caminho já vinha sendo traçado há tempos pelos cínicos que, sobretudo com Diógenes, inauguram uma atitude de hostilidade à cultura,[7] mostrando que o exemplo de vida em sua

---
4 Com Espeusipo, primeiro successor de Platão na direção da Academia.
5 Com Xenócrates, o segundo escolarca da Academia.
6 Em 322 a.C.
7 Diógenes sustentava que a matemática, a física, a astronomia e a música eram "inúteis e não necessárias" (Diógenes Laércio, *Vite*

concretude é muito mais eficaz e convincente do que todas as construções metafísicas deste mundo. Ora, não é por acaso que um dos primeiros filósofos que Zenão de Cítio[8] – o fundador do Estoicismo – encontrou quando chegou a Atenas tenha sido exatamente um discípulo de Diógenes, Crates de Tebas.

> Eis como ocorre o encontro de Zenão com Crates. Voltando da Fenícia, onde havia comprado púrpura, houve um naufrágio perto de Pireu. Então desceu em Atenas e, tendo já trinta anos completos, estabeleceu-se junto ao comércio de um livreiro. Este estava lendo o segundo livro das Memórias de Xenofonte. Cheio de admiração, perguntou onde viviam os homens de tal estatura moral <como o Sócrates de que Xenofonte falava> [...]. Por uma feliz coincidência, naquele momento passava por ali Crates, e o livreiro, apontando-o com o dedo, disse: "Segue aquele homem". Dali em

---

dei filosofi, VI, 73), e que tanto as Ideias platônicas quanto a dialética socrática eram privadas de sentido, porque não eram fundadas na experiência.

8 Zenão, filho de Mnasea, nasceu em Cítio, Chipre, perto de 333-332 a.C, talvez em uma família de origem semita. Chegou a Atenas com vinte e dois anos e escreveu muitas obras, todas para nós perdidas, cujo conteúdo é conhecido por meio dos testemunhos de outros autores. Zenão morreu em 262. Sua escola tinha o nome de Estoá (ou seja, pórtico), porque, como conta Diógenes Laércio (in: H. von Arnim, Stoicorum veterum fragmenta, v. I, fr. 2; de agora em diante citado com a sigla SVF em minha tradução), "para garantir um lugar distante da multidão, dava suas lições passeando de um lado para o outro pelo 'pórtico pintado' – no sentido de que nele havia afrescos de Polignoto, sendo conhecido também com o nome de 'pórtico de Pisianatte'. [...] Em seguida, seus discípulos se uniram a ele, e exatamente por isso receberam o nome de estoicos".

> *diante foi discípulo de Crates, e consagrou toda a sua energia à filosofia.*[9]

Mas o que tinham em comum um filósofo sutil e criativo como Zenão – e ainda mais seus sucessores – e personagens tão pouco cultos e inclinados à cultura como eram Diógenes e Crates? A convicção é de que a comunicação da mensagem filosófica não passa apenas pelas palavras e as estruturas do raciocínio, mas também por meio do exemplo de uma vida coerente.[10]

Um exemplo disso apareceu na figura do sábio estoico e na ideia de que mesmo o Cinismo podia ser considerado uma espécie de atalho à sabedoria pela sua capacidade de abalar as convenções e pela sua liberdade interior e força comunicativa. Mas a justificativa que nossos filósofos dão para a figura do sábio, bem como a coerência entre o dizer e o fazer, é filosoficamente muito refinada e profunda, e ultrapassa em muito os horizontes mentais de Diógenes e Crates: cínicos sim, mas não sempre, não a qualquer custo e sobretudo *cum grano salis:*

> Alguns acreditam que o pensamento cínico e a vida cínica sejam compartilhados pelo sábio,

---

9 SVF I 1-2 (= Diógenes Laércio VII 1s.).
10 Esta posição é muito bem representada por Filão de Alexandria que, em *De congress eruditionis gratia*, 69, distingue "escutar a voz" de alguém de "escutar alguém que fala" nestes termos: "Atitude característica de quem aprende é escutar a voz e as palavras, porque apenas a partir destas se aprende, enquanto que aquele que conquista o bem pela prática e não pelo ensinamento presta atenção não ao que é dito, mas àqueles que falam, imitando a vida que transpira por meio de suas ações, irrepreensíveis em cada detalhe".

desde que este se encontre em condições que exijam tais atitudes. Outros, porém, negam que isto deva de alguma forma acontecer.[11]

A fundação da escola estoica não se deteve nos posicionamentos de Zenão, mas se desenvolveu com Cleantes[12] – que lhe conferiu uma particular sensibilidade religiosa – e concluiu seu período de gestão com Crísipo.[13]

Assim, quando o modo dos filósofos, talvez pela primeira vez em sua história, encontrou-se diante de um problema dramático e coletivo e foi chamado a lhe dar uma resposta, graças à contribuição destes três pensamentos esteve pronto para deixar os velhos métodos da tradição, equipando-se para a tarefa exigida, substancialmente com base nestas linhas fundamentais:

---

11 Crisipo, SVF III 645.
12 Cleantes de Assos dirigiu a Estoá por cerca de vinte anos a partir de 262 a.C. Mesmo não tendo a sutileza de gênio dos outros fundadores, Zenão e Crísipo, com a força de vontade e uma vida exemplar conseguiu superar os outros e, enquanto os "superava – relembra Plutarco, SVF I 464 –, ria de si mesmo, representando-se como vasos de boca estreita ou como mesas de bronze que, apesar de receber com dificuldade os discursos, depois os conservam sem riscos e sem incertezas".
13 Crísipo nasceu entre 281 e 277 a.C. em Solis e morreu em 204 a.C., depois de dirigir a escola de 233 a 231. Foi um filósofo de notável atitude dialética e discípulo de Cleantes, mas frequentou também a Academia, onde aprendeu a dialética, arte na qual era excelente. Colocou em prática essa sua competência na defesa dos dogmas da escola em uma série de livros dos quais existem ainda apenas os títulos e alguns fragmentos. Como indicou Diógenes Laércio – *Le vite dei filosofi*, VII 183 – pode-se dizer que "sem Crísipo, nem a Estoá existiria".

1. abrindo a escola a um grande número de discípulos, também não gregos e também mulheres;
2. evitando, tanto quanto possível, as argumentações demasiadamente abstratas e de difícil comunicação;
3. concedendo uma *particular ênfase à moral* em relação às outras disciplinas;[14]
4. mantendo a física e a lógica como estruturas de sustentação da ética para fundar a moral sobre um conceito universal de natureza;[15]
5. potencializando os *aspectos consoladores* da filosofia, bem como sua função terapêutica dos males da alma;
6. e, enfim, buscando uma ligação e uma consonância com a religião (mitologia, cultos, ritos), qualquer que fosse ela, não importando de que povo fosse a expressão.[16]

Tais iniciativas convergiam, todas elas, à tentativa de dar segurança ao homem por um processo que se pode chamar de *identificação* com todo o Universo,[17] para que pudesse viver verdadeiramente *segundo a natureza*: não a natureza bucólica e vizinha dos primeiros filósofos, mas a natureza de todo o cosmo.

A busca da "cosmicidade" do homem também foi garantia da difusão do Estoicismo, de sua adaptabilidade a contextos diversos[18] e da eficácia no campo

---
14 Ou seja, à lógica ou canônica e à física.
15 Que é outra coisa em relação à natureza "ingênua"e não filosoficamente formada dos primeiros filósofos da *physis*.
16 Por exemplo, gregos, egípcios, fenícios, etruscos ou hebreus.
17 E não mais com a cidade, como quiseram Platão e Aristóteles.
18 Pensemos à sua extraordinária "estação romana", da qual falaremos a seguir.

social e dos costumes,[19] devida também à contínua renovação a que se submeteu.

Com efeito, diferentemente do Epicurismo, que se manteve substancialmente imutado em seus conteúdos doutrinais, o Estoicismo passou por sensíveis mudanças até o curso de seu desenvolvimento,[20] tanto para efeitos da liberdade de opinião e discussão que vigorava no interior da escola, quanto pela contínua solicitação da crítica acadêmico-cética, como por exemplo o filósofo Arcesilau, de quem Zenão foi companheiro na escola de Polemo. Estrabão, que a respeito deste tema é nossa maior fonte de informação, descreve bem a situação e o estilo diverso dos dois rivais, e nota como a contrapolêmica defensiva de Zenão pouco a pouco se afastou do verdadeiro objetivo, Arcesilau, voltando-se a Platão, com um salto talvez não exatamente legítimo.

> *Uma vez que sua separação se manifestou, não economizaram os golpes; mas não os dois da mesma forma: era, na verdade, Arcesilau que golpeava Zenão. Este último, de fato, mesmo no conflito mantinha um certo estilo e uma certa*

---
19 Lembremos que o penúltimo dos grandes estoicos, Epíteto, foi um escravo e o último, um imperador, e não nos esqueçamos também de que o Estoicismo foi a única seita filosófica grega a ter martírios. No tempo de Nero e de Domiciano, muitos estoicos romanos – frequentemente senadores nostálgicos da República – foram perseguidos ou levados ao suicídio (como, por exemplo, Sêneca) por sua aversão ao tirano, devido não a motivos políticos, mas morais, pela vida dissoluta e escandalosa dos imperadores.
20 Que, como vimos, não se exauriu em um breve momento, mas durou quase um século, dos últimos anos do século IV a.C. até o fim do III a.C., em correspondência com a vida e a obra dos três fundadores: Zenão, Cleantes e Crísipo.

> *dignidade, mas não conseguia fazer melhor do que o reitor Quefisodoro (este, de fato, com a intenção de criticar Aristóteles, acabou por falar mal de Platão)* [...]. *E depois Zenão, de sua parte, após tomar distância de Arcesilau, se não tivesse partido para a polêmica com Platão, a meu ver, não teria sido de forma alguma um filósofo insignificante, mesmo que apenas por aquele modo sereno de agir. Talvez Zenão não fosse desconhecedor das doutrinas de Arcesilau, mas certamente não conhecia as de Platão: e isto se depreende dos ataques que lhe fez.*[21]

O confronto polêmico entre as duas escolas não envolveu apenas a figura de Zenão, mas sobretudo Crísipo, que, ao que parece, construiu um aparato defensivo do sistema estoico muito firme e capaz de resistir inclusive às sucessivas críticas de Carnéades:

> *Sou levado a crer que não por acaso, mas por vontade da Providência divina, Crísipo veio depois de Arcesilau e antes de Carnéades* [...]. *Crísipo, de fato, colocando-se entre os dois, com os escritos polêmicos direcionados contra Arcesilau, neutralizou também os terríveis ataques de Carnéades, deixando, como se faz em caso de assédio, muitas provas à defesa da sensível evidência, eliminando todos os motivos de confusão entre prolepses e conceitos, retificando e colocando no lugar correto. De tal forma, todas as tentativas que de agora em diante fossem feitas para combater e fazer violência contra a verdade*

---

21 Zenão, SVF I 12.

> *dos fatos dariam em nada, refutadas como argumentos artificiosos e sofísticos.*[22]

O resultado deste longo confronto foi que o Estoicismo se complicou em alguns de seus temas e em outros perdeu coerência, mas na totalidade, sobre certos pontos essenciais, conseguiu atingir, porque compelido a isso, uma extraordinária profundidade (por exemplo, sobre o problema da liberdade e do sábio).

Além disso, o empenho à constante retificação tornou esta filosofia flexível e reativa a múltiplas solicitações, ajustando, de tempos em tempos, seus primeiros conteúdos sem jamais perder sua alma. Assim, à fase original (veteroestoica) seguiu-se uma fase mediana (o Estoicismo médio de Panécio e Posidônio, localizável entre a metade dos séculos II e I a.C.), responsável, entre outros, pela introdução da filosofia estoica em Roma e, com Posidônio (I a.C.), pela abertura a influências acadêmicas.

A terceira fase do novo Estoicismo (Neoestoicismo de Sêneca, Musônio, Epíteto e Marco Aurélio, que se colocam no I-II séculos d.C.) é expressão do ambiente romano, mesmo que apenas com Sêneca esteja em língua latina. Este, em seu todo, desenvolve os temas morais da doutrina e ignora aqueles ligados à lógica e à física, a não ser pelos aspectos que ajudam na determinação da conduta do homem.

---

22 Crísipo, SVF II 33.

3. A simplificação da filosofia: como é organizada a filosofia para os estoicos

São os próprios estoicos que nos fornecem o caminho para apresentar seu pensamento, mesmo que não esteja muito certo em qual ordem de exposição as partes de sua filosofia são confrontadas.

> Sustentam que o raciocínio filosófico é tripartido: uma parte é constituída pela física, uma outra pela ética, e outra ainda pela lógica. Esta divisão remonta a Zenão de Cício na obra O raciocínio.[23] Outros colocam em primeiro lugar a lógica, em segundo a física, e em terceiro lugar a ética. Entre estes, Zenão, em sua Lógica.[24]

É preciso, porém, reconhecer que pelo menos a ordem de valores de tais disciplinas não é colocada em dúvida:

> Eles sustentam que uma parte da filosofia tem o nome de física, uma parte de ética, e uma parte de lógica [...] a) de forma convincente comparam a filosofia a uma horta fértil, em que a física é simbolizada por plantas de tronco alto, a ética de frutos gostosos, a lógica de fortes muros circundantes; b) outros, porém, a comparam com um ovo: a gema, que para alguns é o pintinho, corresponde à ética, a clara, enquanto nutrição da gema, é a física. A lógica seria a casca; c) todavia,

---
23 Zenão, SVF I 45.
24 Zenão, SVF I 46.

> *Posidônio, baseando-se na consideração de que as partes da filosofia são inseparáveis entre si, e que em vez disso as plantas à vista são diversas dos frutos e dos muros, considera melhor a comparação da filosofia com o organismo vivente, em que a física se relacionaria com a carne e ao sangue, a lógica aos ossos e aos nervos, e a ética à alma.*[25]

Os três exemplos que nos são propostos são todos ricos de significado e permitem algumas conclusões:

1. o fim do filosofar é a ética;[26]
2. a lógica tem em sua maior parte uma função crítico-defensiva dos princípios morais;[27]
3. a física vale como justificativa e sustentação da ética.[28]

Mas é o terceiro exemplo que merece particular atenção porque oferece uma chave de leitura de todo o universo estoico: este se refere ao *organicismo*, ou seja, àquela forma de pensamento que usa o organismo como modelo para explicar a realidade. Não é de se admirar essa escolha, enquanto o corpo vivente é o melhor dos seres sensíveis, o mais eficiente, o mais organizado e o mais rico em racionalidade.

---

25 Crísipo, SVF II 38 (1).
26 Ou seja, a felicidade; continuando na metáfora, o agricultor constrói e toma conta da horta para ter os frutos.
27 O muro defende a horta dos mal-intencionados, como a casca do ovo defende a gema; de fato, como se lê em Zenão, SVF I 48: "A lógica [...] é a ciência que passa pela inspeção e aprecia todos os objetos das outras ciências, e por assim dizer deles fornece a medida e o peso".
28 Sempre nos exemplos citados, as árvores (e também a clara) direcionam, nutrem e produzem os frutos.

Neste momento, é melhor que nosso ponto de partida seja a física e a noção de organismo porque esta, por um lado, joga luz no relacionamento com a tradição, e por outro lado, permite que desenvolvamos um discurso intuitivo e rico em implicações.

II.
A física

1. O organismo é vital e a vida é calor: o modelo de Heráclito

Como Heráclito de Éfeso, a quem continuamente nossos filósofos se referem, os estoicos sustentam que o fogo é o princípio das coisas que existem, porque enquanto fonte de calor é, por isso mesmo, portador de vida. Não há dúvida de que a reflexão sobre a natureza do sol tenha sugerido a Heráclito esta tese: "Desta forma, o calor vital que vem do sol fornece a vida a todas as coisas viventes".[29]

Em Heráclito, não encontramos a explicação de como aconteceria esta transferência de vida-calor, mas a encontramos nos estoicos, que dizem que acontece por obra do *pneuma*, ou seja, de uma espécie de vento quente que propagou a ação do fogo na forma de um sopro vivificante difuso a todos os lugares.

> A substância cósmica é unitária e completamente percorrida por um certo pneuma, que a mantém unificada, assegurando-lhe coesão e uma complexiva concordância das partes.[30]

Como pode se propagar o calor vital?

---
29 Heráclito, fr. A67.
30 Crísipo, SVF II 473.

Em primeiro lugar, sabemos que não se pode propagar no vácuo, o qual, justamente por esse motivo, não foi colocado pelos estoicos no cosmo, mas fora dele:

> Nem todos os médicos e filósofos que trataram sistematicamente do ar o consideraram vácuo; alguns, que têm o nosso apoio, o consideraram um copo unitário em si absolutamente contínuo sem nenhuma intromissão do vácuo [...]. No cosmo, este vácuo não existe, e, portanto, menos ainda poderia existir em medida predominante. Por outro lado, se o vácuo não existe no cosmo, como poderia existir em prevalência?[31]

A reflexão dos estoicos suscita uma visão de Universo compacto, unitário (por isso pode-se falar de *monismo*), percorrido por um *pneuma* de cima até o fundo, e sobretudo vivo (segundo uma forma de pensamento que leva o nome de *hilozoísmo*), graças à ação do sol, que comunica sua vida à Terra.[32]

Porém, de qual natureza deverá ser este *pneuma* para poder percorrer um Universo fisicamente compacto? Talvez espiritual?[33] Não: com os estoicos, estamos em uma perspectiva materialística, ou melhor, *corporeística:* "Os estoicos [...] chamam de

---
31 Crísipo, SVF II 424.
32 Cleantes, SVF I 504: "Como o fogo do sol é similar a estes fogos que existem nos corpos viventes, é necessário que também o sol seja um vivente, e assim isto se aplique aos outros astros, que surgem naquele fogo celeste que se chama éter ou céu".
33 A palavra grega *pneuma* (sopro) em latim é *spiritus* e, em italiano, *spirito*. Pode-se ver nesta transformação linguística o eco de uma transformação semântica (ou seja, de significado), em direção a uma desmaterialização do termo, uma "espiritualização"- do *pneuma*, que, porém, jamais foi compartilhada pelos estoicos.

ser apenas os corpos, porque é próprio do ser agir e sofrer".[34]

Esta afirmação nos obriga a fornecer uma série de respostas a questões inevitáveis. Antes de tudo, o que é o corpo: a) é um conceito irredutível a outros ou não é originário?; b) posto que todo o Universo seja corpo e, aliás, um só corpo contínuo (ou seja, sem vácuo interposto), como é possível que um objeto se mova por meio de outro?

A resposta à primeira questão é antecipada sinteticamente pelo fragmento citado SVF II 525 e os fragmentos seguintes a reforçam: "[...] tudo o que age é corpo.[35] Tudo é corpo e tudo é pleno e não há vácuo [...]".[36]

Pode-se agora ir a fundo na questão, até o problema original: do que é feita a realidade?

A realidade para os estoicos não é feita de objetos, mas, podemos dizer, com um certo esforço de atualização,[37] *de uma energia física* que consiste na capacidade de agir modificando o ambiente e resistindo a esta modificação. É Cleantes quem se empenha a dar a formulação mais consistente e sintética desta

---
34 Crísipo, SVF II 525 (1).
35 Arquedemo de Tarso, discípulo de Crísipo, SVF III 6.
36 Crísipo, SVF II 469.
37 Com a ajuda do fragmento de Crísipo, SVF II 299: "Para os estoicos, os elementos não são a mesma coisa que os princípios [...]. *Os princípios são corpóreos e sem forma*, enquanto que os elementos assumem uma dada forma". Como base dos constituintes sólidos do mundo (os elementos), haveria uma realidade *sem forma* que, como veremos, tem a capacidade de agir (ou causando um efeito ou sendo sujeita a ele), que é muito similar ao nosso conceito de energia.

lei: "Parece-lhes que haja dois princípios do tudo: o ativo e o passivo".[38]

Mas o mesmo conceito é muitas vezes reiterado também por Crísipo: "Segundo julgam [os estoicos], os princípios do tudo são dois, o ativo e o passivo".[39]

Essas duas forças estão presentes em toda realidade individual, e, quando nossos filósofos se empenham em descrevê-las, usam uma terminologia surpreendente: chamam de "deus" o princípio ativo e de "matéria" o princípio passivo, como vemos na leitura completa dos dois fragmentos apenas citados:

> *O princípio passivo é a substância sem qualidades, a* matéria; *o princípio ativo é o logos imanente nessa: ou seja, deus. Este, sendo eterno e difuso nessa, produz todas as coisas.*[40]

> *Sustentam mesmo que deus seja o princípio ativo, e que a matéria seja o passivo destinado a se submeter a mudanças.*[41]

---

38 Cleantes, SVF I 493.
39 Crísipo, SVF II 300. Esta tese poderia ser traçada por Platão, e precisamente por *Teeteto*, 157 A-B. "Não pode existir algo ativo sem a prévia união com o elemento passivo, e o inverso: nada passivo sem o encontro com o elemento ativo. Consequência disto tudo é [...] que nada existe em si e por si mesmo, e cada coisa só devém por causa de outra, sendo preciso, pois, eliminar de toda a parte a expressão Ser, conquanto agora, como sempre, tenhamos sido forçados, por hábito e ignorância, a nos valermos dela". *Cf. Filebo* 26 E. Também em Aristóteles encontram-se conceitos análogos: a exemplo de *De generatione animalium* 724b7 (no qual se identifica o princípio ativo com a forma e o passivo com a matéria) e em *De anima*, III 5 10ss: "Em toda a natureza há algo que constitui o material para qualquer gênero de coisas e outro algo que é a causa e o princípio produtivo, porque as produz todas [...] e sempre o que faz é superior ao que se submete".
40 Cleantes, SVF I 493.
41 Crísipo, SVF II 301.

Ora, se o princípio material tem ilustres precedentes em Platão e Aristóteles,[42] o outro é incomum, porque introduz na física um termo que é usado pela religião.

Para compreendermos este ponto, devemos retornar a Heráclito:

> Mutações do fogo: em primeiro lugar mar, metade disso, terra, metade vento ardente. De fato, disse que o fogo, em função do logos e do deus que governa todas as coisas, passando pelo ar se transforma em umidade, a qual é como a semente do ordenamento do mundo, que ele chama de mar; e do mar, por sua vez, se geram a terra, o céu e as coisas que são neles contidas.[43]

Heráclito tinha em mente que "todas as coisas acontecem segundo o *logos*",[44] que "é sábio admitir que tudo é uno", além de reconhecer que o *logos* é a Razão implícita nas coisas, quase uma lei indefectível que a mantém firmemente em equilíbrio entre opostos (a guerra). Por fim, juntando um a um esses caráteres, o próprio Heráclito não encontrava um termo melhor para exprimi-los do que aquele de deus. Mas na mentalidade dos filósofos pré-socráticos "deus" tinha um valor adjetival e não substancial: expressava, portanto, aqueles caráteres de excelência e de eternidade que a

---
42 E de fato os estoicos não se afastam muito da tradição, definindo-o como "substância sem qualidade que equivale à matéria" (Zenão, SVF I 85).
43 Fr. B31.
44 Fr. B1.

mitologia representava nos deuses olímpicos. Assim se explicam estes fragmentos:

> Heráclito sustentava "que o fogo periódico é o deus eterno" e que o "o raio governa todas as coisas, ou seja < o deus > guia com o raio, compreendendo com raio o fogo eterno. Diz também que este fogo é dotado de inteligência, e que isso é a causa do ordenamento do Universo".[45]

Bem, os estoicos tornaram própria esta concepção usando de forma "pré-socrática" um termo que em âmbito religioso (também e sobretudo no politeísmo) sempre teve um caráter pessoal. Entretanto, se quisermos, na origem a ambiguidade não era de tipo teológico (confundir o "deus" com o "divino"), mas focava na palavra *logos*, que no âmbito helênico expressa tanto a lei imanente nas coisas quanto a consciência dessa lei, a qual é presente apenas na mente do estudioso: paradoxalmente (mas não ilogicamente), até a pedra é "inteligente" quando, caindo da montanha, respeita (e, portanto, a seu modo "conhece") a força da gravidade!

Portanto, em síntese: se o mundo é compacto, é um corpo único sem vácuo no meio. Se, além disso, é composto por uma espécie de substrato passivo e de uma única força ativa que lhe dá vida e ordem perfeita, por que não chamar o *logos* de "deus", como se fosse o intelecto do mundo?

---

45 Fr. B8 e B64.

> *Reconheceu que é lei absolutamente necessária
> que, na realidade, haja uma causa ativa e uma
> passiva, e que a primeira seja o intelecto do
> tudo absolutamente puro e incontaminado* [...]
> *a causa passiva, ao contrário, não tem alma, e
> por si não saberia se mover; porém, uma vez
> recebidos do intelecto o movimento, a forma e
> a alma, transforma-se nesta obra de perfeição
> admirável, que é o cosmo.*[46]

Desse modo, os estoicos inventaram, talvez até sem querer, a categoria filosófica do *panteísmo*.[47] Mas, além disso, introduziram um nível de simbiose com a religião que nenhuma outra escola de filosofia soube instaurar, aqui também tomando o impulso de um fragmento de Heráclito ao mesmo tempo obscuro e fascinante: "O uno, o único sapiente, quer e não quer ser chamado de Zeus".[48]

Assim chegamos ao fundo da questão cosmológica, mas deixamos em aberto o problema não insignificante do movimento: como há movimento em um mundo tal, tão compacto e denso?

E também sobre este ponto os estoicos nos surpreendem, formulando o princípio — totalmente contrário à evidência — da *comistão total dos corpos*, segundo o qual um objeto pode penetrar em outro objeto, e impunemente atravessá-lo.

---

46 Crísipo, SVF II 302.
47 Crísipo, SVF II 528: "Para eles, deus não é nada além que o cosmo inteiro, com todas as suas partes. E afirmam que este é um só, finito, vivente, eterno e divino".
48 Fr. B32.

> Um corpo penetra através de um outro corpo, se admitirmos que [...] um corpo em si todo pleno acolha um outro corpo igualmente cheio sem por isso aumentar de medida, mas ocupando o mesmo espaço que ocupará quando tiver assimilado em si o outro corpo.[49]

Sem dúvidas, nossos pensadores sustentaram tal axioma com exemplos discutíveis (por exemplo, recorrendo a gotas de suor[50] ou à união dos líquidos), mas não podemos esconder que o conceito inspirador continua sendo o de organismo, em que a força vital (biopsíquica) difunde-se por toda parte, vivifica tudo e, quando vai embora, nem por isso reduz as dimensões ou o peso do corpo que abandona.

2. Exceções ao corporeísmo dos estoicos: os incorpóreos e o "Algo"

Se o fundamento da física pode ser colocado na dupla causa ativa (o *logos*) e passiva (a matéria),[51] que juntos produzem, segundo uma graduação praticamente infinita, todos os seres do mundo, é evidente que para os estoicos o mundo deveria se apresentar como uma realidade contínua, do maximamente ativo ao minimamente, ou seja, da causalidade primeira ao efeito último.

---
49 Crísipo, SVF II 477 (1).
50 *Ibidem*.
51 Como vimos acima.

Zenão, na verdade, pensava

> *que em nenhum modo alguma coisa pudesse ser produto de uma natureza privada de corpo* [...] *e que pudesse não ser corpo aquilo que é causa ou aquilo que é efeito.*[52]

e com isto expressava uma concepção corporeística do mundo. Todavia, a reflexão sobre a natureza do vácuo — que nosso pensador considerava infinito e, portanto, não identificável com um corpo — o induz a fazer uma exceção:

> Em torno ao cosmo estende-se o vácuo infinito, que é de natureza incorpórea. Incorpóreo é o que pode ser ocupado por corpos, mas não pode, por sua vez, ser contido. No cosmo, portanto, não há vácuo.[53]

O fato de colocar o vácuo fora do mundo[54] e de deixar o mundo como um núcleo finito,[55] compacto[56] e sem interrupções, não era resolutivo do ponto de vista filosófico, tanto mais porque, pouco a pouco, a categoria do incorpóreo era povoada por outras realidades:

---

52 *In:* SVF I 90.
53 Zenão, SVF I 95 (3).
54 Crísipo, SVF II 539: "Crísipo afirma em outras passagens que o vácuo externo ao cosmo é infinito e, enquanto infinito, não tem nem início, nem meio, nem fim".
55 Crísipo, SVF II 528: Os estoicos "afirmam que o cosmo é um só, finito, vivente, eterno e divino".
56 Crísipo, SVF II 459: "A natureza do cosmo é ordem para as coisas desordenadas, harmonia para as desarmônicas, acordo para aquelas descordantes, unidade para as que são desunidas".

> Os filósofos da Estoá consideraram o tempo incorpóreo. Sustentam, de fato, que [...] dos incorpóreos se contem quatro espécies: a do exprimível, a do vácuo, a do lugar e a do tempo. Esta afirmação não deixa dúvidas: o tempo para eles é um incorpóreo, e um ser que se pode considerar dotado de realidade independente.[57]

A existência do incorpóreo era exigência também do modelo difusivo do *pneuma*, cuja eficácia vai diminuindo à medida que se afasta do centro,[58] para depois recuperar força no movimento contrário. Isso implica a existência de um efeito extremo, o mais distante da causalidade do princípio-*logos*. Em tal perspectiva, assumindo, como vimos acima, uma rígida correspondência entre causa e corpo, o efeito último não podia não ser equiparado ao incorpóreo.[59]

> Para os estoicos, cada corpo é causa de algo de incorpóreo *para um outro corpo: por exemplo, a faca, que é corpo, é causa na carne, que é corpo, do predicado incorpóreo do ser cortado. O fogo, que é corpo, é causa na madeira, também este corpo, do predicado incorpóreo do ser queimado.*

---

57 Crísipo, SVF III 331.
58 Crísipo, SVF II 451: Para os estoicos "existe um certo movimento tonal nos corpos que age contemporaneamente em direção ao interior e em direção ao exterior, e este em direção ao exterior leva à definição da grandeza e das qualidades, enquanto que aquele em direção ao interior à unidade e à substancialidade". A mesma conflagração é frequentemente apresentada como uma forma de purificação (Crísipo, SVF II 598), concentração (Crísipo, SVF II 599) e de absoluto predomínio do *logos* (Crísipo, SVF II 600).
59 Crísipo, SVF II 341.

Isto, de resto, resultava da análise do vácuo:

> *Portanto, é necessário que o vácuo tenha uma certa existência. O conceito mais elementar que podemos formar sobre isso é o de um ser incorpóreo e impalpável, privado de forma e de figura, incapaz de agir e de sofrer, capaz apenas de acolher um corpo assim como é.*[60]

Mas um tal posicionamento comporta a renúncia ao corporeísmo, porque uma vez admitido que o vácuo e o lugar são efeitos últimos do ser ou não-ser dos corpos, que o tempo é efeito último do mover--se das realidades e o exprimível é efeito do não-ser causa de representações, mas apenas "modelo para as representações do hegemônico",[61] é necessário reconhecer que exista algo que não é corpo.

Assim, os estoicos (mas não todos eles) foram obrigados a admitir um princípio ainda superior às duas causas, e o definiram[62] o "Algo", mantendo--o superior seja ao corpo, seja à categoria de não--corpo, esta última inclusiva tanto das coisas que

---

60 Crísipo, SVF II 541.
61 Crísipo, SVF II 85. Além de tudo, os objetos do pensamento são universais e, portanto, não podem ser corpos, ou podem ser imaginários e inexistentes; *cf.* Crísipo, SVF II 332 citado abaixo.
62 Na verdade infelizmente, como sustenta Alexandre de Afrodísia em SVF II 329 (1): "De tal modo pode demonstrar que os estoicos não fizeram bem em classificar o "algo" como um gênero do ser. Se é "algo", é óbvio que também "é", e se é, aquilo que se pensa do ser se pensa também disto. Entretanto, eles estabeleceram o vínculo de que o ser se diz apenas sobre os corpos, e assim se subtrairiam à aporia: de fato, para eles, o algo é mais universal que o ser, exatamente porque não é apenas o predicado dos corpos, mas também dos incorpóreos".

existem realmente, mas não são causa,⁶³ quanto dos entes imaginários:

> *Os filósofos da Estoá [...] sustentam que, do gênero do* algo, *uma parte são corpos e a outra, incorpóreos.*⁶⁴

> *Certos estoicos estão convencidos de que o gênero supremo seja o "Algo": eis os motivos. Na realidade – sustentam – algumas coisas são existentes, outras não o são; e em efeito a realidade compreende também* entes que não são existentes, e que, porém, são objetos do pensamento: *por exemplo os centauros, os gigantes e tudo o que por efeito de um pensamento infundado tenha gradativamente assumido uma certa imagem, mesmo que não corresponda a nada de substancial.*⁶⁵

Veremos que esta lacuna na cosmologia e na física dos estoicos é uma *felix culpa*, porque permitirá introduzir a noção de liberdade na ética, sem renunciar, entretanto – ao menos nas intenções dos estoicos –, à necessidade do mundo físico.

---

63 Crísipo, SVF II 521: para os estoicos "os incorpóreos são pouco levados em conta enquanto incapazes de agir, não-ser, consistindo de puros entes abstratos".
64 Crísipo, SVF II 331.
65 Crísipo, SVF II 332 (2).

3. O organismo assegura a difusão da razão

A experiência ensina que o corpo não é apenas "o que é suscetível de contato",[66] e que também não se pode reduzir a simples contato o organismo, o qual não é, certamente, um acúmulo de objetos. Aliás, o acúmulo de objetos é a própria negação do organismo, porque lhe falta o *pneuma*, ou seja, o vínculo da razão, ou, se o possui, é em uma medida muito fraca.

Não esqueçamos que os estoicos vivam em um mundo *monista, panteísta* e *materialista*, quase lidando com um único corpo cósmico que se desenvolve como o corpo humano,[67] que é vivo enquanto o sopro vital o ocupa.

Desse ponto de vista, a primeira função do *pneuma* cósmico é a coibente:

> O pneuma *intrínseco é de dois tipos: natural e psíquico. Há, porém, quem considere um terceiro tipo: o coibente. O pneuma coibente é aquele que mantém juntas as pedras; o pneuma natural é aquele que faz os animais e as plantas crescerem; o pneuma psíquico, no âmbito dos seres animados, confere aos animais a faculdade sensitiva e a faculdade de se mover em qualquer sentido.*[68]

---

66 Crísipo, SVF III 84.
67 Crísipo, SVF II 446; Zenão, SVF I 137.
68 Crísipo, SVF II 716 (2).

Como lemos, três níveis e funções do *pneuma* se apresentam:

1. um que torna consistentes as coisas simplesmente mantendo suas partes em contato. O reino mineral é regido por esse, e também algumas partes dos viventes;
2. há depois o *pneuma* natural ou congênito, "que faz com que cresçam os animais e as plantas";[69]
3. além disso, há o *pneuma* psíquico, que garante aos viventes a possibilidade de sentir e de se mover;
4. por último precisamos levar em conta também um *pneuma* puríssimo, inteligente:
5. "Os estoicos admitem um *pneuma* inteligente e um fogo intelectual, como que sem o fogo e sem o *pneuma* não pudesse haver nos seres a parte mais elevada".[70]

Essa classificação não comporta uma pluralidade de objetos, porque o mundo é e se mantém apenas um organismo; é preciso, porém, entendê-la como expressão de uma graduação diferente de um único "espírito", segundo o que os estoicos habitualmente chamam de *tônus* ou *tensão do pneuma* e que acaba por ser um conceito fundamental em sua física:

> Ora, se isto é verdadeiro, como poderia ser verdadeiro também aquilo, ou seja, que o cosmo é *uma realidade* unitária *e* coerente, *graças a um certo* pneuma *que lhe é difuso por toda parte?*

---

69 Crísipo, SVF II 716 (2).
70 Crísipo, SVF II 443 (2).

> *Em seguida a isto, seria racional esperar que esta coesão homogênea que vem do pneuma esteja presente em todos os corpos. Mas não é assim. E de fato alguns corpos têm uma estrutura coesa; outros, discreta. Portanto, seria mais razoável admitir que cada corpo seja mantido junto pela sua própria forma, e que seja chamado de unitário em relação a si, pelo fato de que o ser deve dizer respeito a qualquer realidade. A ligação simpatética entre eles seria, entretanto, assegurada por terem em comum a matéria e o corpo divino difuso por toda parte, mais do que pelo vínculo constituído pelo pneuma. E como qualificar o tônus do pneuma, pelo qual as coisas são mantidas juntas e têm continuidade com as partes homogêneas e são colocadas em contato com os seres contíguos? O pneuma, de fato, é constrito por algo, pelo fato de que é, por natureza, predisposto a isto.*[71]

O fragmento — que, como é fácil notar, vem de uma fonte hostil e crítica (cética) aos nossos filósofos — mostra que mesmo na presença de um único Universo e de um único *pneuma* se encontra uma enorme variedade de seres, todos diversos entre si por efeito da diferente concentração e força do sopro vital: quanto mais este é concentrado, mais torna racionalmente complexo e coeso o aglomerado sobre o qual age; quanto menos é concentrado, mais perde os valores da razão para se reduzir a uma simples força de aglomeração.

---

71 Crísipo, SVF II 441.

No entanto, o tipo de ordem que rege, por exemplo, um punhado de pedras sobre uma morena[72] se reduz à forma de cada pedra e à força da gravidade: bem pouca coisa! Mas se pensamos à ordem que mantém junta a totalidade dos órgãos do corpo humano, temos a ideia do quanto difere um "punhado" de um sistema, em que as inter-relações são infinitas e inquebráveis.[73] E, querendo, podemos imaginar que o único *pneuma* vital constitui não apenas o lugar (como em uma morena), mas também a forma, o desenvolvimento, a constituição e até a existência das partes em relação ao todo:[74] de tal modo, do ponto de vista filosófico se determina a passagem do *contato* à *simpatia*. É o *tônus* que cresce e dá sempre mais *logos* a cada parte: aquele tanto de vida que lhe compete para que também o todo possa viver.

De forma mais complexa, o desenvolvimento do cosmo não é diferente do desenvolvimento do homem, e também o nascimento (ou melhor, como veremos, os nascimentos) é idêntico, porque ambos vêm de uma semente:

> *Quando na origem estava por si, transformava toda a realidade em ar e depois em água, e como no esperma está contido a semente*

---

72 NT: "Material transportado ou depositado por uma geleira". Disponível em: <www.priberam.pt/DLPO/morena>. Acesso em: 21 out. 2015.
73 Pode-se desmontar e remontar um punhado de objetos ou elementos, mas não um organismo!
74 Se um organismo morre, as partes também morrem; aliás, todas as partes morrem!

> *germinal, assim também deus, que é a* razão
> (logos) seminal *do cosmo, se mantém como é
> na substância úmida e, agindo como convém
> sobre a matéria, determina-a a prosseguir na
> obra da geração. Em seguida, gera em primeiro
> lugar os quatro elementos: fogo, água, ar, terra*
> [...] *em que por* elemento *se compreende aquilo do que originariamente provém cada coisa
> e em que, por último, conflui. Os quatro elementos no estado de indeterminação formam
> a substância amorfa, ou seja, a matéria; o fogo
> corresponde ao calor, a água ao úmido, o ar ao
> frio, a terra ao seco.*[75]

As semelhanças são ainda mais numerosas e significativas, se considerarmos que: a) o corpo humano deve sua vida à circulação do *pneuma*;[76] b) a alma do homem é o *pneuma* consolidado ao corpo;[77] c) a geração, como se dizia, é idêntica no cosmo e no homem; d) as mesmas variações de *tônus* que se encontram no mundo se redescobrem também no corpo humano (em particular, a coesão está nos ossos, a natureza nos órgãos reprodutores, a alma na capacidade de se mover e de sentir); e) e, enfim, que também o *pneuma* em sua concentração máxima se encontra no homem, em seu intelecto, que os estoicos chamavam de *hegemônico*.[78]

Essa argumentação nos permite compreender o passo seguinte, que é um dos mais densos, e sintetiza

---
75 Crísipo, SVF II 580.
76 Crísipo, SVF II 446.
77 Zenão, SVF I 127.
78 Ou seja, parte diretiva da alma.

perfeitamente a teoria da *simpatia cósmica* que deriva dessas premissas:

> *Dos corpos, alguns são produto de unificação, outros de agregação, e outros ainda de separação. Os primeiros são aqueles em que domina uma única força de coesão, como as plantas e os animais* [...]. *Tudo isso prova que o* cosmo *é um corpo unificado. De fato, em um corpo que é resultado de agregações ou separações, as partes não têm vínculos de simpatia recíproca, e tanto é verdade que se, por acaso, em um exército são mortos todos os soldados, não por isso o único salvo é afetado pelo contágio. Entretanto, nos corpos unificados há uma certa unidade simpatética: se um dedo é cortado, todo o corpo se ressente. O cosmo é um corpo unificado. Todavia, tais gêneros de corpos são mantidos juntos às vezes pela simples* força de coesão, *outras vezes pela* natureza, *ou então pela* alma: *exemplos do primeiro gênero são as pedras e a madeira; do segundo, as plantas; do terceiro, os viventes. É necessário, portanto, que também o cosmo seja dominado por uma destas forças. Todavia, a pura força de atração não rege o cosmo, porque as coisas que tal força mantém juntas não sofrem nenhuma mudança ou alteração substancial – exemplos, pedras e madeira –, mas apenas são passíveis de condições de contração e alongamento. As mudanças cósmicas, entretanto, são substanciais, o clima sendo glacial ou tórrido, seco ou úmido, ou mudanças de condições em relação às evoluções celestes. Portanto, o cosmo não está unido por efeito da simples coesão. E se não é por efeito desta, certamente é por efeito*

> *da natureza. De fato, até mesmo os seres que a alma dirige, muito antes eram mantidos juntos pela natureza. Portanto, necessariamente o cosmo será constituído da melhor natureza, exatamente porque contém as naturezas de cada ser. E a natureza que recolhe em si todas as outras naturezas, recolhe também aquelas racionais; e, portanto, da mesma forma, a natureza que inclui as naturezas racionais é absolutamente racional, porque não é possível que o todo seja inferior a suas partes. Mas se a natureza difusa no cosmo é a melhor, esta será também dotada de inteligência, benévola e imortal; e se é assim, é deus. Portanto, os deuses existem.*[79]

Não é difícil notar que o princípio da simpatia cósmica é um convincente fundamento para o pensamento ecológico, porque faz com que a parte (homem) seja responsável e dependente de tudo.

4. O destino e a providência

O cosmo, como já sabemos, é o resultado da ação do *logos* sobre a matéria, no sentido de que este último − enquanto causa ativa − confere ao substrato informe − a causa passiva − a forma e as qualidades, mas não à maneira do demiurgo platônico. Este age estando fora do objeto sobre o qual opera e se inspirando em um modelo que o transcende (o mundo das Ideias),[80] enquanto que o *logos* criador-ordenador está

---
79 Crísipo, SVF II 1013.
80 E parece concluir sua obra de criação em um momento

dentro da matéria,[81] tem apenas a si mesmo como referência (é modelo de si mesmo) e nunca para de criar e de transformar o mundo, exatamente como se fosse a força geradora de uma semente, no sentido indicado por estes fragmentos:

> *Zenão sustenta que o* logos *é o forjador da realidade natural e ordenador do Universo...*[82]

> *Também segundo os vossos sábios o* logos *– ou seja, o discurso e a razão – demonstra ser o artífice do mundo. De fato, Zenão o determina como criador, que deu forma na ordem a todas as coisas.*[83]

> *Chame-se de intelecto, ou destino, ou Zeus ou tantos outros nomes, a natureza divina é única. No início, quando estava por si, transformou toda a substância de ar em água, e como o seio materno conteve o esperma, assim esta, na qualidade de* razão seminal *do cosmo, manteve-se abrigada na matéria úmida, e a predispôs à gênese das realidades que seriam formadas. Em seguida, os primeiros derivados foram os quatro elementos: fogo, água, ar e terra. Isto afirma Zenão em sua obra* O todo.[84]

---

determinado: *Timeo* 42E: "E depois de ter ordenado estas coisas [inerentes à criação da parte imortal do mundo e das almas, o Demiurgo] manteve-se no próprio estado, de modo conforme à sua natureza. E enquanto permanecia neste estado" os deuses criados prosseguiam a criação nas partes mortais.
81 Neste sentido se assemelha mais à forma de Aristóteles.
82 Zenão, SVF I 160 (1).
83 Zenão, SVF I 160 (2).
84 Zenão, SVF I 102 (2).

Portanto, o *logos* não determina apenas a origem do Universo em princípio, mas constitui a própria lei desta estupenda criatura, operando continuamente nele como se fosse uma parte sua: portanto, é evidente que o desenvolvimento do mundo é um efeito direto da presença (imanente) do *logos*. Veremos que aqui reside um conjunto de problemas perigosos para a ética − que entre outras coisas era o tema que mais interessava aos estoicos − porque coloca em jogo a liberdade humana.

Ao mesmo tempo, na concepção materialística de Zenão e de seus discípulos, o homem é uma parte integrante do cosmo.

De fato, enquanto corpo, sustenta-se que:

> Nem todos os homens vêm de um homem e de uma mulher. De fato, se o cosmo teve origem − tese que foi compartilhada por muitos gregos −, é necessário que os primeiros homens não tenham tido origem de uma relação sexual, mas da terra, pela presença, nesta, das razões seminais.[85]

e sobre a alma considera-se que

> seja pneuma, *como de resto é* pneuma *também a natureza; porém, o* pneuma *natural é mais úmido e mais frio, enquanto aquele psíquico é mais quente e mais seco.*[86]

Nesse sentido, o desenvolvimento das partes não pode não depender do desenvolvimento do todo.

---
85 Crísipo, SVF II 739.
86 Crísipo, SVF II 787.

Dessa forma, entramos em um âmbito caracterizado pela necessidade, a qual é particularmente cogente e férrea porque o ser humano é parte integrante de um organismo universal, e por esse motivo é conectado *não a uma realidade em particular, mas a todas as outras realidades*, exatamente como um órgão é ligado ao organismo que o hospeda. Portanto, não dependerá apenas de uma corrente de causas, mas de infinitas correntes,[87] tantas quantas forem as partes e as funções do corpo, cada uma empenhada em manter vivo o complexo. Frequentemente, para designar esta hipernecessidade se usa o termo de *necessitarismo*, que nos parece adequado.

Os estoicos, porém, chamam tal condição de *heimarmene* (ou seja, destino) e a descrevem assim:

> *A necessidade é uma causa cogente e inelutável, e o destino é uma corrente ordenada de causas.*[88]

> *Crísipo, representante máximo da filosofia estoica, define o destino – em língua grega, o* heimarmene *– mais ou menos nestes termos: "O destino é uma certa série perpétua de eventos, uma corrente que se desenvolve e se entrelaça por meio da ordem eterna da consequência, à qual é coligada e conexa".*[89]

> *O destino é a corrente das causas, a primeira das causas da qual todas descendem.*[90]

---
87 Apesar de convergentes a uma única corrente.
88 Crísipo, SVF II 976.
89 Crísipo, SVF II 1000.
90 Crísipo, SVF II 1024.

O destino, em outros termos, é o desenvolvimento da ação do *logos* imanente, ou seja, da razão (tanto a humana quanto a cósmica), porque, como afirma Calcídio,[91] "os estoicos ligavam a nossa razão à razão divina empenhada na direção e à condução das coisas do mundo".

Mas se a condução do mundo é "divina" e é sumamente racional, não pode não ser benéfica para o homem,[92] tanto porque o próprio mundo é em função do homem quanto porque o *logos* é o referente último da moral humana, e, portanto, corresponde ao Bem absoluto. Nesse sentido, o Universo inteiro é regido pela *providência*, e o destino e a providência são dois aspectos da mesma realidade:

> Os estoicos [...] justamente colocaram o homem em posição proeminente e, brevemente, dispuseram a natureza dotada de razão sobre aquelas privadas de razão, afirmando que exatamente por aquela natureza racional a providência criou todas as coisas.[93]

> Assim, a providência se preocupa em primeiro lugar com os seres racionais.[94]

> É evidente não apenas pelo raciocínio, mas também pela experiência que o motor de todas as coisas seja a providência, a qual, como dizem

---

91 *In:* Crísipo, SVF II 1198.
92 Crísipo, SVF II 1041: "Os estoicos [...] sustentam que o mundo é feito para o homem [...] e não para um homem, mas para os homens".
93 Crísipo, SVF II 1157.
94 *Ibidem.*

> *Cleantes e Crísipo, não negligenciou nada que pudesse servir a gerir melhor e de forma mais frutuosa <o mundo>. Que, se houvesse uma disposição melhor para o mundo, este teria se disposto exatamente desse modo, porque nada se opõe à ação do deus.*[95]

Tal providência, além de ser indefectível, pois fundada sobre o princípio da realidade, tem uma força envolvente extraordinária, porque concerne tanto à criação (como foi feito o mundo), quanto ao seu desenvolvimento (como o mundo atualmente é organizado e vai se organizando), ambos na perspectiva de um "constante cuidado" com o homem. Obviamente, não se diz que o *logos* ame o homem, mas que existe uma afinidade substancial entre a razão--criadora do Universo e a razão cognitiva do homem e, portanto, como veremos melhor em seguida, o que é bom para uma deve ser bom para a outra também.

Neste ponto não podemos deixar de notar a grande carga de otimismo que a física estoica leva consigo, e como sua proximidade com a religião pouco a pouco importa ao discurso cosmológico termos e conceitos[96] que pertencem à religião e à moral,[97] mais do que à ciência. Mas esse é um efeito da visão organicística da filosofia.

---
95 Crísipo, SVF II 1150.
96 Por exemplo, "deus" e "providência", mas também o uso filosófico do nome "Zeus".
97 Vale sempre o axioma de que o mundo é bom.

5. O eterno retorno

Vemos em particular, nos últimos textos que lemos, que a visão do mundo de nossos filósofos era modelada pelo dinamismo, e não podia ser diferente se nos lembrarmos de que para eles o filósofo de referência era Heráclito — o pensador do *panta rei*, ou seja, do "tudo flui" — que repetiu e reafirmou esse princípio em inumeráveis máximas. Vale recordar:

> *Heráclito em uma passagem diz que tudo flui e nada permanece e, comparando as coisas à corrente de um rio, diz que não se pode entrar duas vezes no mesmo rio.*
>
> *Disto decorre que no mesmo rio aparecem águas sempre novas.*
>
> *Percorremos e não percorremos o mesmo rio, nós mesmos somos e não somos.*
>
> *Não se pode percorrer o mesmo rio duas vezes, segundo Heráclito, e não se pode tocar duas vezes uma substância mortal no mesmo estado, mas, por causa da impetuosidade e da velocidade da mutação, esta se dispersa e de novo se recolhe (ou melhor, nem de novo nem depois, mas em um tempo se reúne e se separa), vem e vai.*[98]

Essa ideia de fundo é retomada pelos nossos filósofos e bem expressada neste fragmento:

---

98 Respectivamente, Heráclito A6, B12, B49a, B91.

> É belo discorrer sobre a organização do Universo, de como o todo, enquanto tal, é feliz e sapiente e se desenvolve desde sempre em um processo cíclico que vai ao infinito.[99]

Mas de qual desenvolvimento fala Crísipo?

Para responder, é preciso voltar ao modelo de Heráclito e ao caráter ígneo do *logos*, como se lê no fragmento B76:

> O fogo vive a morte da terra, o ar vive a morte do fogo, a água vive a morte do ar, a terra a da água – A morte do fogo constitui nascimento para o ar, e a morte do ar constitui nascimento para a água. – [...]. A morte da terra é tornar-se água, a morte da água é tornar-se ar e a morte do ar é tornar-se fogo, e assim novamente.

Para Heráclito, o caráter intimamente antitético do fogo é essencial, caráter que o faz ser um equilíbrio dos opostos, já que a própria experiência demonstra como ele vive da morte do combustível, e como esta sua vida se consome no movimento perpétuo da chama.

Mas mesmo o raciocínio sustenta e valoriza as conclusões da experiência, porque nos atesta que o fogo é ao mesmo tempo fundamento de vida (o calor vital dos corpos viventes) e princípio de morte: efetivamente a força destrutiva do fogo não tem paralelos na natureza, porque quase nada sobra do combustível

---

99 Crísipo, SVF III 335.

depois que é queimado e os eventuais restos não têm mais a natureza de antes. Esse conceito particular é expresso assim pelo filósofo de Éfeso: "Heráclito chama este fogo de necessidade e saciedade [...] e necessidade é a formação do mundo, saciedade é a sua destruição com o fogo".[100]

Esta lei é tão potente que parece se identificar com o princípio pelo qual o mesmo fogo não poderá ser isento da série de nascimentos-mortes, mesmo que não possa permitir que um deles vença definitivamente, porque, como é óbvio, a morte do princípio seria impossível.

Ocorre, portanto, uma visão cíclica do mundo em que, sem descanso, o fogo queima e diminui ordenadamente, em fases alternadas.

E é isso que efetivamente lemos no fragmento B30:

> Esta ordem, que é idêntica para todas as coisas, nem deus nem homem algum o fez, sempre foi, é e será fogo eternamente vivo, que com medida se acende e com medida se apaga.

Os estoicos retomaram tal visão e a desenvolveram notavelmente, por exemplo, nestes textos exemplares:

> Os estoicos mais antigos pensavam que tudo acabava em éter e, precisamente, depois de ciclos de tempo de imensa duração, que tudo acabe no fogo etéreo. [...] Quando dizem que ao ritmo dos ciclos de longuíssima duração existe a destruição do cosmo, os que sustentam a combustão

---

100 Heráclito, fr. B65.

cósmica – aquela que eles chamam de conflagração *– não tomam o termo destruição no sentido próprio, mas o usam para indicar uma mudança natural. Os estoicos de fato sustentam que toda a substância se mude* no fogo espermático (sperma) *e que de novo, a partir disto, se reconstitua o* cosmo (diakosmesis) *como era anteriormente.*[101]

Quando o logos *universal chega a um dado ponto, a* natureza universal, *mais madura e mais extensa, ao fim drena todas as coisas e, recolhida em si em toda substância, retorna ao estado de* logos *do qual se falou antes e àquele despertar que inicia o* Grande ano, *durante o qual sozinha e em si regenera a* constituição de um tempo (apokatastasis). *Regredindo à mesma ordem que tinha no momento original da formação do mundo, começa a mesma evolução inspirada pela razão, dado que estes períodos se sucedem continuamente pela eternidade. Não é possível que haja um princípio ou uma dissolução da substância, nem mesmo o princípio diretivo da substância.*[102]

A partir da conflagração o mundo também se regenera, graças à providência do artífice. Assim, segundo os estoicos se pode sustentar que o mundo seja e não seja corruptível: seja corruptível em razão de sua ordem (diakosmesis) *e seja incorruptível em razão da* conflagração (ekpurosis) *e pelo motivo do fato que a* regeneração (palingênese) *cíclica e incessante lhe confere imortalidade.*[103]

---

101 Crísipo, SVF II 596 (2).
102 Crísipo, SVF II 599.
103 Crísipo, SVF II 620.

> Os estoicos aceitam a ideia de haver uma confla-
> gração e uma purificação (katharsis) cósmica,
> mas alguns as referem ao cosmo em seu comple-
> xo; outros, às suas partes. A purificação para eles
> é de natureza parcial: esta espécie de destruição,
> esta geração, por essa, de um mundo novo, eles
> chamam de purificação.[104]

Se levarmos em conta os componentes antagonistas do fogo-*logos* (portador da vida e da morte),
de seu caráter de princípio eterno, de regra universal,
além do princípio de movimento, o desenvolvimento
do cosmo inteiro deve, necessariamente, ser cíclico.

A uma fase em que prevalece a multiplicidade dos elementos e das formas seguirá o triunfo do
fogo, ou seja, a conflagração (*ekpurosis*); esta, porém,
não comporta uma dissolução total, mas uma purificação (*katharsis*), ou seja, uma redução à essência "em
que não restará nada de maldade".[105]

Daqui em diante o mundo retoma seu caráter
de *pura razão espermática*, ou seja, de força germina-
tiva similar àquela das sementes, que produz uma
reordenação (*diakosmesis*) de toda a realidade e
uma regeneração (*palingênese*).

Mas o fato singular é que ao fim desta complexa recomposição (*apokatastasis*), tudo voltará a
ser exatamente como antes

> e depois da conflagração *retornarão os mesmos
> homens a viver as mesmas jornadas; e voltarão*

---

104 Crísipo, SVF II 598.
105 Crísipo, SVF II 606.

> Ânito e Meleto em vestes de acusadores, Busíris de homicida dos hóspedes, e Héracles de lutador [...] e [...] voltarão também Sócrates e Platão e cada um dos homens: terão os mesmos amigos e vizinhos, as mesmas convicções, as mesmas jornadas, as mesmas tarefas. Cada cidade, vila e campo assumirá a mesma configuração de antes.[106]

Então, qual a razão desta vida cansativa e inútil? Porque o *logos* é uno e o cosmo é uno, e nosso mundo já é perfeito hoje e não pode melhorar ou piorar.

O aspecto surpreendente é que aos estoicos o mesmo processo descrito aqui em termos cosmológicos encontra uma exposição em termos religiosos, ao qual deve-se dizer que:

> Todos os deuses podem também ser assumidos em Zeus *sob a forma de Zeus*[107] [...] porque, no momento da conflagração cósmica, Zeus é o único deus não sujeito a dissolução, que retorna ao estado da providência, e junto à providência continua a subsistir na única substância etérea.[108]

A proximidade da religião à filosofia vai progressivamente se transformando em um verdadeiro e próprio processo de assimilação para o qual os protagonistas divinos do mito assumem geralmente o significado dos conceitos.

---

106   Zenão, SVF I 109 (1,2).
107   Crísipo, SVF III 302.
108   Crísipo, SVF II 1064.

Tudo isso nos apresenta a um capítulo de contornos talvez ambíguos, do ponto de vista teológico, mas de considerável valor histórico.

6. Religião e filosofia. A alegorese filosófica e o primeiro encontro entre razão e fé

Por mais que poucos estudiosos o reconheçam, o Estoicismo foi a primeira doutrina filosófica a levar a sério a contribuição cognitiva da religião, em particular da olímpica, mas indiretamente também de todas as religiões históricas, por vários motivos.

Em primeiro lugar, porque um de seus fundadores, Cleantes, tinha uma grande sensibilidade religiosa e foi autor de um célebre *Hino a Zeus*, que vale a pena ler pelo menos em seus versos iniciais:

> *Oh Zeus, o mais glorioso dos imortais, de múltiplos nomes, todo-poderoso,*
> Senhor da natureza, que governas cada ser segundo a lei,
> *Eu te saúdo! É um direito de todos os mortais dirigir-te a palavra.*
> [...]
> Dedico-te o meu canto e sempre cantarei o teu poder.
> A ti todo o nosso cosmo, que gira em torno à Terra, obedece;
> Aonde quer que o conduzas, ele se submete a ti de boa vontade,

> *Porque tens em tuas mãos invencíveis um instrumento:*
> *O raio eterno de fogo com duplo gume.*
> *Sob seu golpe todos os eventos naturais se cumprem.*
> *Com isso, tu regulas o logos comum que penetra todas as coisas,*
> *Misturado aos luminares celestes, grandes ou pequenos,*
> *Graças a isto tu te tornaste rei supremo de tudo.*[109]

Como podemos ver, Cleantes apresenta o uso, que em seguida se tornou corrente, de se misturarem termos religiosos com termos filosóficos e de carregar de *pathos* religioso os conceitos teológicos. Mas isso foi possível porque a teologia estoica o permitia, ou melhor, o favorecia:

> *Os estoicos com palavras atribuem à divindade um número desproporcional de nomes em relação às variações da matéria em que acreditam que o pneuma divino esteja difundido, mas na substância creem que o deus seja uno.*[110]

Efetivamente, os nossos filósofos reconheciam como princípio divino o *logos* e, identificando-o com Zeus, acabavam por considerar as várias divindades do Olimpo como manifestações e funções do *logos*, ou melhor, como suas representações alegóricas.

Uma tal transposição era possível pelo uso da etimologia, e pela grande atenção que esses pensadores[111] dedicaram ao estudo dos nomes, da gramática

---

109 Cleantes, SVF I 537.
110 Crísipo, SVF II 1027.
111 E em particular Diógenes de Babilônia, SVF III 17-26 (nas p. 1389*ss*. da tradução Bompiani).

e antes mesmo da linguagem, da qual pesquisaram a origem e a essência.

Quanto à origem, sustentava a tese de que a língua não é apenas veículo de comunicação do *logos*, mas também seu instrumento constitutivo,[112] um modo pelo qual o *logos* se revela. Tal manifestação passa pela linguagem e pela voz humana, de modo que, mesmo que a fixação dos nomes seja historicamente uma obra dos homens, na substância depende da natureza enquanto *logos*.

> *Opõe-se às coisas ditas um raciocínio profundo, uma espécie de arcano, que diz respeito à origem dos* nomes: *se – e esta é a tese de Aristóteles – eles podem ser colocados pelos homens – ou – e é a posição dos estoicos – se são por natureza: neste sentido, as* primeiras vozes *teriam imitado as coisas e em correspondência a estas os estoicos introduziram os nomes e sobre a base deles, os elementos de alguma etimologia.*[113]

Dessa forma, era garantida a objetividade da linguagem e das ciências que nela encontravam expressão, e em particular o estudo das etimologias que, aplicado à interpretação alegórica dos mitos, levou, por exemplo, às seguintes conclusões:

> *Deus é um ser vivente imortal, racional, perfeito* [...] *se chama Deus* (Dia) *porque por meio dele* (di' on) *tudo acontece; se chama Zeus* (Zena)

---

112 A linguagem designa os "exprimíveis", ou seja, aquelas realidades não corpóreas que "esperam apenas ser expressas" (Crísipo, SVF II 167), ou seja, terminar na linguagem.
113 Crísipo, SVF II 146.

porque é o princípio de viver (zen) ou contém a vida; Atenas (Athenan) porque tem poder até sobre o éter (aithera), Hera porque tem poder sobre o ar (aera), Hefesto, sobre o fogo artífice; Posêidon, sobre a água; e Deméter, sobre a terra. Da mesma forma, conferiram-lhe outros nomes para ressaltar certos outros caráteres.[114]

A "natureza" – dizes – "me oferece tudo isso". Mas não entendes que quando fala assim muda o nome de deus? De fato, o que mais é a natureza do que deus e sua razão, imanentes no mundo inteiro e em suas partes? Certo, todas as vezes que quiseres poderás chamar de outra forma um tal artífice da nossa realidade: segundo os costumes, poderá chamá-lo Júpiter ótimo e máximo, trovejante, estator [...]. E se então lhe deres o nome de Destino não será um erro; o destino não é, de fato, nada além da corrente das causas, a primeira das causas de que todas descendem. Qualquer nome que atribuíres ao deus será bem dado contanto que exprima uma força ou um efeito de ordem celeste: poderá ter tantos nomes quantos são seus dons. Os nossos sustentam que também seja o Pai Livre,[115] *porque é pai de todos, pois a ele se deve a descoberta da força seminal provida através do prazer; Hércules, pela sua força invencível que uma vez exaurida no esforço da criação se reconverte em fogo. Enfim, os nossos o chamam de Mercúrio, porque nele se encontram razão, proporção, ordem e ciência. Aonde quer que te voltes, o verás vir ao teu encontro, porque*

---

114 Crísipo, SVF II 1021.
115 NT: *Liber Pater*, deus de fertilidade, vinho, liberdade.

nenhuma realidade é vazia dele, estando ele plenamente presente em sua obra.[116]

Aqui também existe um fundamento filosófico que justifica a relação da etimologia com a verdade: a etimologia é aquele instrumento que permite *reportar os nomes a seus significados originais*, na fase em que "as primeiras vozes dos humanos imitavam <com perfeição> as coisas",[117] registrando em si a natureza profunda dos seres. Sobre a base de tal convicção Crísipo recorre sistematicamente à etimologia como provas científicas, suscitando a surpresa de Galeno,[118] o qual lamentava que

> *os aristotélicos jamais ousariam se servir de termos não técnicos ou deduzidos pela retórica nas demonstrações científicas, enquanto os livros de Crísipo são cheios deles, livros nos quais são convocadas como testemunhas dos posicionamentos assumidos quaisquer pessoas, quando não poetas ou mesmo a* etimologia mais convincente, *ou outras coisas do mesmo padrão.*

Em suma, a ciência da etimologia aplicada aos antigos mitos permitiria reconduzir o homem ao estágio primitivo da consciência, a um tipo de idade áurea em que a verdade estava ao alcance das mãos.

De tal forma, toda a mitologia (e com esta, os ritos e os cultos) reconquistava um valor documentário e por isso se tornava crível.

---
116 Crísipo, SVF II 1024.
117 Crísipo, SVF II 146.
118 *In:* SVF II 883.

A esse propósito, um fragmento muito interessante é constituído por um texto de Aécio,[119] o qual, depois de ter deduzido a existência de Deus por meio da ordem e da beleza do cosmo, fala da origem do culto dos deuses, afirmando que os antigos

> *o apresentaram de três modos: em primeiro lugar, de forma científica (e é esta a obra específica dos filósofos); em segundo lugar, de forma mítica; e em terceiro lugar, na forma testemunhada pelas legislações,*

ou seja, na oficialidade das sacras cerimônias. Estes, na verdade, não seriam âmbitos separados, mas modos diversos de representar a mesma realidade.

De tais considerações, Crísipo deduzia uma classificação dos deuses em sete classes – trata, especialmente, não da natureza dos deuses, mas do modo com que os homens reconheceriam sua existência. Os homens – lemos neste fragmento – absorveram o conceito de deus por meio da contemplação dos astros, da consideração de sua influência, propícia (como Zeus, Hera, Hermes) ou adversa, de suas funções e ações, ou dos benefícios obtidos à vida associada.

Tal ordem é, em seguida, considerada um código de leitura para toda a mitologia, e não apenas para a olímpica, mas também para a egípcia, fenícia e etrusca, de modo que se impôs a quase todos

---

119   Relatado por von Arnim no fr. SVF II 1009.

os alegoristas de língua grega da era imperial,[120] e sobretudo, de uma forma muito mais complexa e sofisticada, influenciou até mesmo o Judaísmo alexandrino com Filão de Alexandria. De tal modo, inseriu-se aqui também a revelação hebraica, à qual se seguiu a cristã.

Em suma, a contribuição do Estoicismo à exegese dos textos sacros transformou o modo comum de lê-los e entendê-los em um método "científico" consolidado e sistemático, com isso, dando fundamento a um novo gênero de interpretação que podemos chamar *alegorese*. Exatamente por ser instrumento científico e neutro, a alegorese podia ser aplicada a múltiplos contextos religiosos, permitindo confrontos entre os vários mitos e avaliações comparativas, até instituir em pouco tempo uma tradição *alegórica transcultural*.

Certamente, de tal forma, o conteúdo específico da fé religiosa andava se perdendo em um racionalismo filosófico prevalente,[121] porque, como lemos,

---

120 Por exemplo, Queremão e Plutarco para a mitologia egípcia, Filão de Biblos para a fenícia, Cornuto, Apolodoro de Atenas, Crates de Malos para a grega. A relação com a religião hebraica por obra de Filão de Alexandria foi menos direta e incisiva (já que os hebreus de Alexandria desenvolveram uma técnica própria de exegese, muito mais elaborada) e a relação com a religiosidade etrusca, a exemplo de Musônio, foi muito mais orientada no aspecto teológico. Notas sobre esses autores se encontram sobretudo em I. Ramelli; G.A. Lucchetta, *Allegoria* v. I, *L'età classica*, por R. Radice. Milão: Bompiani, 2005.

121 De resto, o mesmo fragmento SVF II 1009 que mencionamos, ao fixar a tipologia dos deuses necessária à exegese dos mitos, não tem como tema a natureza dos deuses ou suas qualidades, mas a relação que têm com os homens, e os modos como os homens os descobriram ou a eles foram sujeitos: em suma,

os deuses terminavam por ser nomes ou símbolos de força cósmica ou de conceitos teóricos ou éticos. Mas a filosofia assumia um papel apologético da fé e também do culto,[122] dilatando consideravelmente o seu campo de ação, enquanto a fé, com seus ritos e seus mitos, refinava-se e se tornava crível também aos olhos da cultura, encontrando uma justificativa racional do relacionamento entre homem e deus:[123] tanto é verdade que no pensamento médio-platônico e nos grandes sistemas do fim do Neoplatonismo, filosofia e religião, em certos aspectos, terminam por se confundir.

De resto, mesmo a incipiente mensagem cristã encontrava a revelação[124] nesse modo de leitura – e sobretudo na eficaz reelaboração do Judaísmo helenístico – o ponto de partida para um fundamento teológico e filosófico estável para seus dogmas.

E pensar que na origem deste lúcido empreendimento cultural está mais uma vez o obscuro Heráclito em seu difícil – mas, depois do que lemos, não incompreensível – e fascinante fragmento B32,[125] no qual Zeus "quer e não quer" ser chamado de Zeus.

---

sua linha de inspiração vai mais no sentido de uma antropologia cultural do que de uma fé religiosa.
122 Compreendido em sua perspectiva histórica e na forma da tradição, como se deduz de Crísipo, SVF III 739: "Certamente, se não para conquistar uma virtude perfeita, ao menos em função da vida civil, é útil nutrir-se de opiniões de veneranda antiguidade e seguir uma tradição antiga de nobres ações, que os históricos e toda a estirpe dos poetas transmitiram à memória dos contemporâneos e dos posteriores".
123 *Cf. infra*, o parágrafo "Homens e deuses", p. 93-101.
124 Talvez mais ainda que de um acesso direto aos livros filosóficos.
125 Já citado em correspondência à nota 48.

III.
A lógica como gnoseologia

Se a interpretação (por meio da alegorese) e a comunicação (por meio da retórica e da dialética) são elementos não ignoráveis da lógica estoica, certamente fundamental é o aspecto gnosiológico, substancialmente por dois motivos: em primeiro lugar, porque neste âmbito da reflexão se coloca o nexo entre o mundo físico e o mundo psíquico-interior; e em segundo lugar, porque aqui se julga o valor da consciência em si e em geral.

Do nosso ponto de vista, também a ética − que, como sabemos, ocupa os vértices da especulação estoica − será mais ou menos crível na medida em que o conhecimento é mais ou menos objetivo. E a objetividade do conhecimento em um contexto materialístico é frequentemente garantida pela transmissão mecânica do dado sensível, como por exemplo no caso dos epicuristas.

Os estoicos também partem da sensação, da qual dão as seguintes definições: "Para os estoicos, as *sensações* são corpóreas".[126]

> *Para os estoicos, se diz sensação o pneuma que provém do hegemônico e que flui nos sentidos, ou também a compreensão que se realiza por meio dos sentidos, ou ainda a coordenação dos vários sentidos, da qual, porém, alguns*

---
126 Crísipo, SVF II 851.

podem ser privados. A sensação leva também o nome de ato.[127]

Bem, a sensação, como mostra o próprio nome (aisthesis), *sendo uma espécie de "inserção"* (eisthesis), *introduz aquilo que lhe emerge no intelecto: aqui é colocado e guardado como um tesouro tudo aquilo que lhe chega pela visão, a audição e os outros órgãos dos sentidos.*[128]

As sensações, que constituem o primeiro degrau do conhecimento, são, em substância, homogêneas com as nossas faculdades cognitivas, com a consciência e também com os conceitos e valores que esta expressa, e em tal sentido não há nenhum problema de mediação.[129] A sensação é objetiva como era para Epicuro, tanto é verdade que serve para "inserir" algo de externo em nosso intelecto.

Note-se: em "nosso intelecto", e não em nosso corpo ou em nosso sentido. Essa tese é especificada na segunda definição, expressa nestes termos: "A sensação é o *pneuma* que provém do *hegemônico* e que flui nos sentidos". Aqui, o hegemônico é a parte dominante da alma, correspondente ao intelecto, e o *pneuma* é o *logos* princípio de vida, bem como a razão que flui em todo o corpo.

Neste ponto, porém, há a separação do sensismo epicurista e, em seguida, na perspectiva dos estoicos, a linha do conhecimento vai ao encontro de formas

---

127 Crísipo, SVF II 71.
128 Crísipo, SVF II 458 (2).
129 Do natural ao mental, do subjetivo ao objetivo é uma simples transmissão de impulso e de forma, de corpo a corpo.

de intelectualismo pronunciado, devido substancialmente ao fato de que se prevê uma cooperação imediata entre o *compreender* e o *sentir*, como se não existisse nem um momento da consciência humana em que a razão estivesse ausente: nem no ato do registro do dado físico.

Mas sigamos o itinerário do dado de experiência no processo cognitivo. Quando a sensação atinge a alma, leva o nome de *representação*. Contudo, até atingir o limiar da alma, não podemos esperar mutações dela, porque é uma passagem de corpo para corpo, similar a uma causalidade mecânica:

> *A representação é uma estampa na alma: das coisas que cada um dos sentidos nela introduz, como um anel ou um selo, deixa a estampa que é delas. Similar à cera, o intelecto recebe a estampa e a conserva perfeitamente em si mesmo, até que o antagonista da memória,*[130] *o esquecimento, aplaina a marca e a torna imprecisa, quando não a apaga por completo.*[131] *O substrato material sobre o qual ocorre a transferência coloca um problema impensável para quem acredita na espiritualidade da alma – mas totalmente pertinente para quem, como os estoicos, é materialista –, ou seja: quão grande deve ser uma alma para conter o número de representações necessárias à vida?*

---

130 Segundo Zenão, SVF I 64, "a memória é uma <espécie> de depósito de representações".
131 Crísipo, SVF II 458 (2).

Para encontrar uma resposta a tal questão, acessemos um vivaz debate entre quem atribuía o caráter de estampa às representações e quem lhes atribuía o caráter de alterações:

> A representação para os estoicos é uma estampa na alma. Mas eis que já neste ponto surge uma diferença: Cleantes entende a estampa como um alto e um baixo-relevo, similar ao que resulta da pressão dos dedos sobre a cera. Para Crísipo, isto era absurdo. De fato, se a mente contemporaneamente fosse obrigada a sofrer a representação de um triângulo e de um quadrado, aconteceria que o mesmo corpo, no mesmo tempo, teria em si, juntas, as figuras diferentes de triângulo e de quadrado, e, querendo, até de circunferência; mas isto é absurdo. Porque se se amontoassem em nós muitas representações que se apresentam juntas, a alma deveria ter essas tantas formas: mas esta, em relação à primeira hipótese, é ainda pior.[132]

Na verdade, aqui não se trata de um problema quantitativo banal (que, entretanto, em um contexto materialístico teria a sua importância), mas também de compatibilidade, e isto é particularmente relevante porque quando a sensação chega à alma, encontra[133] o *logos* mais puro onde a consciência e a lógica em sua forma universal prevalecem.[134]

---

132 Crísipo, SVF II 56 (1).
133 O que aconteceria, por exemplo, se na alma estivessem presentes ao mesmo tempo as estampas opostas do bem e do mal, do ser e do não-ser de uma coisa, ou do verdadeiro e do falso?
134 Note-se que, enquanto for a da consciência, o *logos* universal

Aqui, a sintonia com Epicuro se perde:"Epicuro sustentava que todas as sensações eram confiáveis; o estoico Zenão, ao contrário, fazia distinções".[135]

Mas os estoicos também ressaltavam a diferença com os céticos, como lemos neste fragmento:

> Arcesilau entrava em conflito com Zenão, porque julgava que todos os dados resultados dos sentidos eram falsos. Para Zenão, entretanto, alguns deles são falsos, não todos.[136]

Em resumo, a presença do *logos* nessa nova sede (a alma) faz com que a sensação perca a objetividade absoluta reconhecida por Epicuro, mas que também perca a insegurança absoluta que lhe atribuía Arcesilau. Por tal motivo, os estoicos "faziam distinção", no sentido de que "não concediam" (e, podemos completar, nem negavam, *a priori*) "a sua confiança a todas as sensações".[137]

Isto significa que, em seu trajeto em direção à ciência, o dado sensível encontra uma passagem obrigatória muito estreita e presidida pelo *logos*, que o coloca sob exame: este juízo é chamado *assenso* e se traduz em uma forma de permissão, para o mundo, do conhecimento superior (ou o inverso, de uma espécie de expulsão do mundo), ou seja, da *compreensão*, à qual nem todas as representações terão acesso,

---
manifesta-se como uma forma de transferência mecânica de eventos *particulares*; na consciência vale a lógica em seus caráteres *universais*.
135 Zenão, SVF I 62 (1).
136 Zenão, SVF I 63 (2).
137 Assim lemos no fr. 63 (3) de Zenão.

mas apenas aquelas que são reconhecidas como *cataléticas*, isto é, "claras e distintas": "A compreensão, como os estoicos nos ensinam, é o assenso da representação catalética".[138]

A representação catalética (e não mais a sensação) é, portanto, o fundamento do conhecimento:

> *A representação pode ser catalética ou acatalética. A representação catalética, que é o critério do juízo das coisas, vem da realidade e é conforme à realidade, que reproduz como uma estampa precisa. A representação acatalética, entretanto, não vem da realidade, ou se vem da realidade não lhe é conforme: não é, portanto, nem evidente, nem clara.*[139]

Em seguida ao juízo do *logos* que se verifica no assenso, a linha do conhecimento se bifurca: de um lado – a partir apenas das representações cataléticas – teremos a ciência; de outro – a partir das representações acataléticas (indistintas) –, a *fantasia* (o "delírio"), ou a opinião (ou seja, uma visão imprecisa do objeto):

> *O que diferencia a representação, o objeto da representação, a fantasia e o objeto da fantasia [...] Crísipo afirma que estas quatro realidades são bem diversas. A representação é uma afeição que tem lugar na alma, em si representativa do que a causou: assim, por exemplo, quando colhemos com a visão o branco, significa que em concomitância, por meio da visão, determinou-se*

---

138 Crísipo, SVF II, 91 (1).
139 Crísipo, SVF II, 53.

uma afeição na alma; e é exatamente em conformidade com esta afeição que podemos afirmar que existe algo de branco que agiu sobre nós [...]. O objeto da representação é a causa dessa: por exemplo, o branco, o frio e tudo quanto age sobre a alma são objetos de representação.

A fantasia, entretanto, é uma atração vazia. É, na realidade, uma afeição que se verifica na alma na ausência de um objeto, como se alguém estendesse as mãos em direção a uma batalha de sombras ou em direção a formas vazias. Por consequência, enquanto que à representação é subjacente um objeto real, à fantasia não corresponde nada. O objeto da fantasia é aquela realidade em si vazia, mas capaz de nos atrair, que nos envolve em razão exatamente da fantasia. Isso acontece nos ataques de melancolia e de loucura, como quando a máscara trágica de Orestes recita.[140]

Há dois tipos de opinião, uma consiste no assenso concedido àquilo que não é claro; a outra é uma cognição frágil; mas estas não têm nada a ver com a mentalidade do sábio.[141]

Uma vez superado o exame do *logos* e chegado ao correto caminho do conhecimento, a representação sofre uma profunda transformação, ou seja, se *universaliza*, assumindo a forma dos conceitos,[142] na

---

140 Crísipo, SVF II, 54.
141 Crísipo, SVF III 548.
142 São representados como "representações mentais que não são, no sentido próprio, uma coisa ou uma qualidade, mas uma quase--coisa e uma quase-qualidade, como quando há a figura do cavalo, mas não é cavalo". Assim explica Diógenes de Babilônia, *in* SVF III 25.

qual perde qualquer caráter substancial[143] e, como já sabemos, termina no mundo inconsistente dos *incorpóreos*, que não parecem ter uma existência autônoma, e por si. Em resumo, como dizia Simplício, "os estoicos eliminam a natureza dos universais e concedem a eles apenas uma existência nos particulares, não os considerando jamais como por si".[144] Além disso,

> *Zenão e seus discípulos dizem que os* conceitos *não são nem um algo que é, nem uma qualidade, mas, por assim dizer, representações da alma com um certo grau de ser e com certas qualidades. A estas mesmas realidades os antigos davam o nome de ideias. De fato, as ideias são aquele tipo de realidade que entra na categoria dos conceitos, como por exemplo as ideias de "homens" e de "cavalos", em resumo, de todas aquelas coisas, animais ou não, que se dizem ser ideias. Os filósofos estoicos sustentam que elas* não têm existência autônoma, *mas que nós, homens, que temos os conceitos:*[145]

---

143 Seja a substancialidade platônica, *per se*, seja a aristotélica, *in re*; *cf*. Zenão, SVF I 653: "O *conceito* é uma imagem da mente, que não é um algo de real nem uma qualidade no sentido pleno, mas apenas em um certo sentido: por exemplo, a figura de um cavalo pode surgir mesmo se não houver o cavalo".

144 Crísipo, SVF II 362. Neste sentido, os estoicos não se diferenciam muito dos antagonistas epicuristas, que consideravam os universais como dependentes da sensação individual (mesmo se não completamente reduzíveis a esta), sobretudo no critério de que são verdadeiras as opiniões que são *confirmadas* pela sensação, *ou não desmentidas* por essa.

145 Zenão, SVF I 65 (1).

Os estoicos, discípulos de Zenão, definem as *ideias* como nossos conceitos.[146]

O mecanismo que permite a formação dos conceitos é bastante simples e é bem representado por estes fragmentos:

> *Cada intelecção se verifica por meio das sensações, ou não em ausência de sensações, e, portanto, se verifica por contato ou não sem um contato.*[147]

> *Os objetos do pensamento em parte são concebidos* por contato, *em parte* por semelhança, *em parte* por analogia, *ou por* transposição, *ou* composição, *ou* contraste. *Pelo contato há a concepção dos dados sensíveis; por semelhança <conhecemos>. Com base em algo de que estamos diante: como por exemplo Sócrates a partir de seu retrato; por analogia se conhece segundo o aumento – por exemplo Tício ou o Ciclope – ou por diminuição, por exemplo em relação aos pigmeus. O centro da Terra é pensado por analogia, fazendo referência a esferas em miniatura. Por meio da transposição, por exemplo, concebem-se os olhos como se estivessem no peito; por meio da composição pensa-se o hipocentauro, e por contraste, a morte. Há também um modo de pensar que recorre a um tipo de* transposição:[148] *como os exprimíveis e o lugar...*[149]

---
146 Zenão, SVF I 65 (2).
147 Crísipo, SVF II 88.
148 NT: A tradução de *spostamento*, na filosofia, é transposição. Mas logo em seguida o autor usa a palavra *trasposizione*, que também significa transposição.
149 Crísipo, SVF II 87.

A intelecção e mesmo os exprimíveis sobre os quais ela verte não ficam isolados,[150] mas tendem à agregação em formas sempre mais complexas e completas, partindo do enunciado até os silogismos:

> *O* exprimível, *que é verdadeiro ou falso, nem sempre é uniforme, mas pode ser elítico ou completo; e do completo faz parte o assim chamado* enunciado: *o que é também delineado com estas palavras: "O enunciado é o que é verdadeiro ou falso".*[151]

> *Lá onde é necessário um modo de proceder racional, os animais não têm lugar. E o modo de proceder racional é o silogismo que nasce da apreensão das coisas, que não têm uma presença física, como a cognição de deus, do mundo, da lei, do costume pátrio, do estado, da política [...] todas realidades que os bichos não percebem.*[152]

> *O mesmo raciocínio é um sistema de premissas e conclusões e o* silogismo *é exatamente esse raciocínio, baseado sobre conexões lógicas, que se constitui sobre tais elementos.*[153]

Os silogismos, por sua vez, consolidam-se em uma forma hierárquica que tem seu vértice nos assim chamados *anapodíticos* (ou seja, indemonstráveis), e, portanto, naquelas formas de raciocínio que não têm necessidade de demonstração:

---

150 Crísipo, SVF II 89: "O *pensamento* é uma intelecção acumulada: a *intelecção* é uma representação de tipo lógico".
151 Crísipo, SVF II 166.
152 Crísipo, SVF II 726 (2).
153 Crísipo, SVF II 235.

Há também alguns juízos anapodíticos, assim chamados porque não têm necessidade de demonstração [...] para Crísipo, são cinco [...]. O primeiro anapodítico é aquele segundo o qual cada raciocínio se articula com base em uma hipótese e de uma premissa [...] para chegar a uma conclusão, como no seguinte caso: "Se o primeiro, o segundo; ora o primeiro, então o segundo". O segundo anapodítico é aquele que por meio das condicionais e do oposto do conseguinte, conclui o oposto do antecedente, como neste raciocínio: "Se é dia, há luz; mas é noite, então não é dia". Aqui a premissa menor corresponde ao oposto do conseguinte, e a conclusão, à negação do antecedente. O terceiro anapodítico consiste na negação da conjuntiva, e de um dos membros da conjuntiva, e na conclusão, à contradição do outro, de tal forma: Não "morreu Platão e viveu Platão", mas "morreu Platão; portanto Platão não vive". O quarto anapodítico é aquele que se serve de uma disjuntiva e de um de seus termos para ter como conclusão o oposto do outro termo, como neste caso: "Ou o primeiro ou o segundo; ora o primeiro, então não o segundo". Passemos ao quinto anapodítico. Sobre este é articulado todo raciocínio que, por uma disjuntiva e pelo contraditório de um de seus termos, leva à conclusão, por exemplo: "Ou é dia ou é noite; mas não é noite, então é dia".[154]

Como se vê, não apenas se entra na razão universal e se distancia da experiência particular, os termos se tornam sempre mais congruentes e tendem

---

154 Crísipo, SVF II 241.

espontaneamente a se organizar, porque o *logos,* no seu aspecto de razão formal, tem a superioridade.

Todavia, é necessário dizer que a universalização da experiência na forma indicada não exaure todo o conhecimento humano, como se deduz deste precioso fragmento, expressão do pensamento de Crísipo:

> *Assim afirmam os estoicos. Quando o homem vem à luz, o seu* hegemônico *[ou seja, o seu intelecto] é como uma folha de papel pronta para a escrita: e de fato sobre ela vêm transcritas, uma por uma, todas as intelecções [...]. O primeiro tipo de transcrição é aquele que vem da* sensação. *Quando colhemos, por meio de sensação, algo como o branco, ao desaparecimento do objeto se substitui a recordação, e se há mais recordações do mesmo tipo há a* experiência: *a experiência é propriamente um grande número de representações similares. Das intelecções, algumas* têm origens naturais, *nas formas supracitadas e sem seguir nenhum plano, outras, entretanto,* seguem um empenho educativo. *Estas últimas se chamam apenas intelecções; as primeiras, entretanto, chamam-se também* prolepses.[155]

O que são estas prolepses ou antecipações?

São ideias universais em parte naturais (*cf.* Posidônio, fr. A247) e em parte adquiridas pela tradição e pela educação sobretudo em âmbito religioso e político. Neste último caso, levam o nome de *noções comuns* e equivalem a uma espécie de aviamento universalmente reconhecido à vida social. A nossa

---

155 Crísipo, SVF II 83.

consciência, portanto, seria uma *tábula rasa* no que concerne aos conceitos que vêm da experiência, mas não no que concerne a essas categorias generalíssimas e de primária importância, sem as quais não poderia atuar. Podemos dizer, a título de exemplo, que a nossa mente não seria diferente de um computador que, mesmo que ainda não tenha obtido dados do operador, deve, entretanto, já possuir alguns fundamentos, porque sem estes não poderia funcionar.

> *Crísipo se esforça no convencimento do fato de que nas miscelâneas existem diferenças tais que se servem de noções comuns e que, em seu juízo, são os critérios mais importantes de verdade que temos da natureza.*[156]

> *Não se encontra ninguém que tenha perdido completamente as noções comuns do belo e do feio, do justo e do injusto.*[157]

> *A natureza nos fez educáveis, e nos deu uma razão imperfeita, mas suscetível ao aperfeiçoamento.*[158]

Em resumo, as prolepses e as noções comuns fazem parte da bagagem genética de cada homem e lhe fornecem a predisposição a buscar o verdadeiro nas coisas de máxima importância, que, como sabemos, são de ordem moral.

Por outro lado, não podemos deixar de relembrar o conceito tantas vezes expresso de que no Estoicismo

---

156 Crísipo, SVF II 473.
157 Crísipo, SVF III 218.
158 Crísipo, SVF III 219.

a lógica (não diferentemente da física) é funcional à ética e nesta sede encontra sua coroação.

Na verdade, o "gancho" com a moral acontecerá principalmente por meio da noção de alma; mas também do ponto de vista dos processos cognitivos isso parece evidente, porque nossos filósofos potencializaram ao grau máximo o nexo entre conhecimento e ação, ou seja, entre a gnoseologia e a ética, evidenciando um percurso natural de uma a outra.

Este texto relatado por Filão de Alexandria[159] é muito significativo a tal propósito, e será fundamental para dar início ao discurso sobre a moral.

> A coisa que se revela e deixa a estampa dispõe a alma ora à familiaridade com ela, ora à estranheza. Tal afeição da alma leva o nome de "impulso", e se diz que seja, por definição, o primeiro movimento da alma. Em tudo isso, os animais são superiores às plantas. Mas vejamos em que coisa o homem é superior em relação aos outros animais. O homem recebeu a extraordinária prerrogativa da inteligência, a qual tem o hábito de compreender a natureza de tudo, corpos e coisas.

Mas se, como lemos, o impulso nasce de uma familiaridade ou da estranheza que segue a estampa na alma das coisas, não seriam as próprias coisas a determinar a propensão do homem, tirando dele qualquer traço de autonomia?

E agora que sentido teria falar de moral em um indivíduo privado de liberdade e à mercê dos eventos?

---

159 E relatado por von Arnim em SVF II 458 (2).

A solução aos problemas parece escondida neste fragmento:

> *Indubitavelmente há a necessidade de um ponto de partida ao qual a sabedoria possa se alinhar quando começa uma ação: e este ponto de partida deve estar de acordo com a natureza. Não existe outro modo, na realidade, para colocar em movimento esse impulso – assim traduzimos o grego* hormé *– que nos determina à ação e ao desejo do que percebemos. Todavia, o princípio do movimento deve ser visto e ser convincente, mas isto é impossível se daquilo que parece não se consegue estabelecer a verdade ou a falsidade.* E então como poderá a alma ser direcionada ao impulso, se a representação não for compreendida como coerente à natureza, ou estranha a essa? *Portanto*, se a alma não tiver a percepção daquilo que é seu dever fazer, *não agirá de fato, não será impulsionada em direção a algo: em resumo, ficará imóvel. Em conclusão,* se alguém, em algum momento, quiser cumprir algum ato, é necessário que considere verdadeiro aquilo que lhe parece.[160]

Na intepretação do texto, deduzimos que se o *impulso* e o *desejo* seguirem o desenvolvimento natural da sensação e, portanto, forem em certo sentido necessários, não por isso a *ação* necessariamente se segue ao desejo, porque entre o desejar e o fazer existe o *assenso*, sem o qual – ou seja, sem "a percepção daquilo que é seu dever fazer" – a alma "não age de fato".

---
160 Crísipo, SVF II 116.

Dessa forma, o problema da liberdade não se resolve, mas muda de nível: não se relacionará ao impulso, mas ao assenso.

E a pergunta "o assenso é livre?" resulta, neste ponto, absolutamente essencial.

O texto relatado por Sexto Empírico é esclarecedor a este propósito:

> A compreensão, *nos ensinam os estoicos, é* o assenso *da* representação catalética, *o qual manifesta uma certa duplicidade,* porque em parte é involuntário, em parte voluntário *com sede em nosso juízo. A faculdade das representações não depende da vontade, porque seu estado não deriva do sujeito que sofre a representação, mas do objeto que produz a representação: e assim assume caráter de brancura se se apresenta a cor branca; de doçura se o doce lhe está diante.* Todavia, o ato de dar assenso a tais movimentos depende da pessoa que recebe a representação.[161]

Certamente, para os estoicos o assenso é livre e, como isso fecha ou abre o acesso à ação humana; tudo o que segue o assenso (e, portanto, cada ação consciente) deve ser considerado livre: ou melhor, semilivre, porque na realidade o assenso pode apenas aceitar ou não aceitar (e nisto é "voluntário) um estado de coisas que não quis (e nisto é "involuntário)[162] e que também não pode modificar.

---

161 Crísipo, SVF II 91 (1).
162 O assenso depende sempre dos caráteres objetivos da sensação (se é clara e precisa) e do estado subjetivo do percebedor (se é consciente e objetivo).

A tal ponto, podemos imaginar que a lógica conceda à ética uma realidade ontologicamente homogênea no sentido do materialismo, mas, pelo menos em relação ao homem, estruturalmente dividida entre *logos* e *physis*.

IV.
Da lógica à moral. A psicologia e a antropologia

1. Homens e deuses

O lugar real em que se encontram o mundo físico e o psicológico é certamente o homem, e, portanto, vale para os estoicos o princípio que vale para todos os filósofos de Sócrates em diante, ou seja, que não se pode fazer ética sem antes pensar em uma antropologia, segundo a máxima não apenas filosófica, mas também ditada pelo bom senso: *diz-me como és e te direi o que fazer*.

E o homem é antes de tudo um ser corpóreo, como tudo o que existe:

> *Cada um de nós é feito de dois componentes: a substância e a qualidade; e destes, o primeiro é um fluxo sempre em movimento, que porém não é suscetível nem a aumento nem a diminuição, sem por isso permanecer em seu complexo aquilo que é; o segundo, em vez disso, permanece, cresce, diminui, em suma, submete-se às afeições contrárias em relação àquelas a que o outro se submete, mesmo sendo da mesma natureza do outro, assim em sintonia e até em união, tanto é verdadeiro que para os sentidos a diferença entre os dois não acontece jamais.*[163]

---

163 Crísipo, SVF II 762.

Todavia, sendo o homem idêntico ao Universo em sua constituição, ocupa uma posição de excelência absoluta não apenas, como é evidente, em relação aos outros animais,[164] mas também em relação a todas as realidades cósmicas: "Os filósofos da Estoá justamente colocaram o homem em posição proeminente e, brevemente, dispuseram a natureza dotada de razão sobre aquelas privadas de razão".[165]

Para sermos precisos, o homem é em uma posição proeminente porque "a *providência* criou todas as coisas para ele", e, portanto, constitui o fim da criação porque "o mundo é feito para ele".[166]

Qualquer coisa de ulterior se deduz do seguinte fragmento:

> *Alguém poderia dizer: em favor de quem foi criado o mundo? Obviamente, para aqueles seres animados que fazem uso da razão; ou seja, para o homem e para os deuses, a quem certamente nenhum ser é superior, dada a absoluta superioridade da razão. Assim, é lícito crer que o mundo com todas as realidades que contém seja designado aos homens e aos deuses [...]. Portanto, no início o mundo foi feito para os deuses e para os homens, já que tudo o que ali se encontra é destinado a ser útil ao homem, e com efeito*

---

164 Zenão, SVF I 106a: "Se o cosmo fosse eterno, também os seres viventes seriam eternos e em razão maior o *gênero humano* pela superioridade em relação às outras espécies"; Cleantes, SVF I 529: "O homem se encontra na sumidade e em posição de predomínio em relação a quase todos os animais terrestres e por dons físicos e por qualidades intelectuais".
165 Crísipo, SVF II 1157.
166 Como se lê em Crísipo, SVF II 1041.

> *assim resulta ser. O mundo é, de fato, em um certo sentido uma casa e uma cidade dividida entre homens e deuses. Apenas estes fazem uso da razão e vivem segundo o direito e a lei.*[167]

Aqui se aproxima a natureza humana à natureza divina em uma medida que é incomum na filosofia grega, tanto mais se a enquadrarmos na concessão que estes outros textos sugerem:

> *Sou da opinião de que o mundo seja regido pelo poder divino, e que este seja, por assim dizer, a cidade e o Estado comuns aos homens e aos deuses; cada um de nós seria uma parte de tal mundo. Disto deriva que o interesse geral deve prevalecer sobre nosso particular. Como de fato as leis antepõem a segurança coletiva à pessoal, assim o homem bom, sábio, obediente às leis e consciente de seus deveres políticos dá mais peso ao interesse comum que àquele de um só, mesmo o seu.*[168]

Como se lê, a sociedade dos homens e dos deuses é substancialmente política, no sentido que é fundada sobre uma lei comum e até sobre uma forma de afinidade e de homogeneidade que é necessária entre os concidadãos:

> *Não há nada que seja melhor do que a razão, e é porque a razão é a mesma no homem e em deus, e o primeiro elemento de comunhão entre o homem e deus reside exatamente nela. E se alguém*

---
167 Crísipo, SVF II 1131.
168 Crísipo, SVF III 333.

> *compartilha da razão, compartilha também da reta razão, mas a reta razão é a lei, portanto devemos crer que a comunidade dos homens com os deuses passe também pela lei. Além disso, aqueles que têm a lei em comum também têm em comum o direito, e se compartilham de tudo isso, é necessário crer que pertençam à mesma cidade, ou melhor, mais ainda, se é verdadeiro que obedecem aos mesmos decretos e à mesma autoridade. [...] Por tal razão todo este mundo deve ser considerado como uma só cidade comum aos deuses e aos homens. E como, por um motivo de que trataremos em seu momento, nas cidades o estado social se assinala em razão do vínculo de parentesco, isto acontece também na natureza, mas em uma forma mais eminente e nobre, porque aqui se trata de vínculos de parentesco e familiaridade entre homens e deuses.*[169]

Mas quem são esses deuses tão próximos aos seres humanos?[170]

O fragmento citado (em parte não relatada por nós) faz com que entendamos que a *sociedade dos homens e dos deuses* implica o pertencimento a uma "constituição celeste" desejada e imposta "pela mente de deus, de um deus dotado de poder soberano". Isso apresenta uma distinção, na esfera do divino, entre "deus" e "deuses", os quais não devem ser colocados no mesmo nível.

---

169 Crísipo, SVF III 339.
170 Esta proximidade fez com que os estoicos fossem convincentes apoiadores da mântica (ou adivinhação) como instrumento normal de comunicação com os deuses (Crísipo, SVF II 1189) e dessem a esta uma classificação sistemática, distinguindo-a em mântica artificial e mântica natural (SVF II 1208).

Em primeiro lugar, devemos excluir totalmente que deus tenha uma forma qualquer, como explicitamente se lê em Crísipo, SVF II 1057: "Os estoicos excluem totalmente que deus tenha forma".

Em segundo lugar, os deuses também não parecem ter forma humana, mas apenas exprimem uma simbologia humana. O fragmento de Crísipo SVF II 1076 que se liga à temática da alegoria anteriormente apresentada dá um novo sentido a tudo aquilo que estamos dizendo e, portanto, segue por inteiro:

> Mesmo Crísipo no primeiro livro de Os deuses diz que Zeus é a razão que rege toda a realidade, a alma do todo [...] O cosmo é dotado de alma e é deus, <não só esse>, mas também sua parte dominante e toda a alma. Além disso, Zeus assume o nome de natureza comum a todas as coisas, de Destino e de necessidade. E é também equidade na lei e justiça, harmonia, paz e outras condições do gênero. Os deuses não são nem homens nem mulheres, como não são homens e mulheres nem os estados e as virtudes; e se levam nomes masculinos e femininos, como "lua" e "mês", todavia são de um único gênero. Ares indicaria a guerra e as tropas contrapostas; Hefesto nada mais é que o fogo, e Cronos é o fluxo da corrente; Reia é a terra e Dia, o éter; mas também Apolo e Deméter são a terra e o pneuma nela imanente. Sustenta que é infantil representar em estátuas ou pinturas os deuses em forma humana, como o é representar da mesma forma cidades, rios, lugares geográficos e paixões. Zeus é o ar que se estende em torno

da terra, Hades é o ar tenebroso, Poseidon, o ar entre a terra e o mar. Estes e todos os outros deuses são identificados com realidades inanimadas; o sol, a lua e os outros corpos e também a lei <à qual são submetidos> são considerados deuses. *Considera que também os homens podem se transformar em deuses.*[171]

O sentido dessas palavras é determinado pelo processo de alegorese que transforma os deuses da mitologia em símbolos de realidade física, e, portanto, consome seu significado religioso (como se poderia ser devoto de uma força natural?), mas introduz ao mesmo tempo um princípio de organização do politeísmo que, por um lado, leva a uma forma de unidade e, por outro, leva a uma clara separação entre a classe dos deuses múltiplos e do deus único.

A discriminação está na corruptibilidade dos primeiros e na incorruptibilidade do segundo.[172] O passo citado e a noção de Providência que encontramos no fragmento 1157 de Crísipo dão a entender que, sobre os deuses e sobre alguns homens, haja uma lei e uma força indefectíveis que mantêm, em uma única sociedade, seres múltiplos, mas congêneros e parentes. Esta lei e esta força se reconduzem ao

---
171 Crísipo, SVF II 1076.
172 Crísipo, SVF II 1049 (4): "Sabemos bem que os estoicos tinham a opinião de que falo não apenas a propósito dos demônios, mas também a propósito de todos os deuses: todos os deuses, sejam quantos forem, só um goza de imortalidade e incorruptibilidade, enquanto que os outros seriam, a seu ver, gerados e corruptíveis".

logos-razão, o qual é Deus; os astros são deuses,[173] entretanto, e são deuses puros todos aqueles seres que são partícipes de razão e exprimem em particular a potência de Deus, nominalmente como deuses pessoais, mas na substância como forças naturais que influenciam a vida do homem:[174]

> *Reia toma seu nome do barulho da chuva. A terra segundo Crísipo tem o nome de Reia, a corruptível, porque nela nós nos corrompemos e porque tudo o que ali existe passa e vai* (diarreousi). *É chamada de Têmis enquanto coloca no ser* (thesin), *de forma imutável, o todo; Mnemósine pelo fato de que a conformação dos viventes é permanente* (epimonen) [...]. *Febe indica a pureza do ar; e pelo mesmo motivo leva o nome de "coroa de ouro". Tétis, a amável: é o mar que nutre e se deixa navegar, que nutre permitindo ganhar.*[175]

Neste ponto, apenas deixamos o campo da alegoria e nos dirigimos aos termos estritos da filosofia, a colocação mediana e sintética do homem entre Razão e natureza aparecerá em toda a sua evidência.

No entanto, para compreender o homem, nos ensinam os estoicos, é necessário entender Deus: e sobre Deus podemos colocar duas questões aparentemente idênticas, mas, para nossos filósofos, muito diversas: "quem é Deus?" e "o que é Deus?".

---

173 Deuses corruptíveis, segundo Crísipo, SVF II 613; seres animados dotados de intelecto e de força divina, segundo Zenão em SVF I 165 etc.
174 Se não a tornam possível, como se presume de SVF II 528.
175 Crísipo, SVF II 1085.

A primeira se responde com a mitologia;[176] a segunda, com a filosofia, dessa forma:

> Deus *é um fogo dotado de inteligência que permanece eternamente;* [...] *que destrói todas as coisas, mas não se destrói, exatamente como o fogo que conhecemos.*[177]

> *Quando sustentamos que deus é* pneuma, *nos alinhamos às posições dos estoicos gregos, que sustentam que* deus é pneuma *difuso por todas as partes e conteúdo de todas as outras realidades* [...] *de fato a* providência *retém e circunda todas as realidades a que provê* [...]. *Para os estoicos* [...] *também o* logos *de deus, que desce até os homens e aos ínfimos dos seres, não seria nada além do* pneuma *corpóreo.*[178]

> *Para eles,* deus *nada mais é que o* cosmo *inteiro com todas as suas partes. E afirmam que este é um só, finito, vivente, eterno e divino. No cosmo estão compreendidos todos os corpos, não há rastro de vácuo.*[179]

A este ponto, até mesmo o deus que teria feito o mundo para o homem e a sua familiaridade com o homem são reinterpretados no sentido filosófico. Na verdade, é evidente que para os estoicos o mundo foi criado pela providência de deus não porque esse amasse o homem, mas porque a providência e o homem são parte da mesma realidade,

---

176 *Cf.* o fragmento de Crísipo, SVF II 1009 muitas vezes já citado.
177 Crísipo, SVF II 1050.
178 Crísipo, SVF II 1051 (1).
179 Crísipo, SVF II 528.

exatamente a razão. E os homens são parentes dos deuses pelo mesmo motivo, e como veremos são parentes entre si ainda pelo mesmo motivo.

2. A alma humana

Certamente, para os nossos filósofos, tudo é aparentado a tudo, e, definitivamente, há apenas um corpo vivente animado por um *pneuma* (espírito) vital; mas isso não implica uma homogeneidade absoluta. Porque se tudo é corpo e *pneuma*, o é com um *tônus* diverso – podemos dizer com uma intensidade diversa –, de modo que para os estoicos uma só matéria pode se tornar inumeráveis realidades estruturalmente e qualitativamente diversas.

A investigação sobre a alma (*psyché*) humana o demonstra.

> Zenão dizia que a alma é pneuma *consolidado ao corpo* (concretum corpori spiritum).[180]

> Assim Zenão explicava a tese de que a alma é pneuma: "*Aquilo que ao se retirar do corpo determina a morte do animal, é certamente alma; mas quando o* pneuma *natural se retira, o animal morre: portanto a alma é* pneuma *natural.*[181]

> Se a alma é corpo, ou é fogo ou é pneuma *de estrutura aguda que penetra em todo o corpo animado. Mas se admite-se isso, certamente não se poderá sustentar que isso seja inativo ou*

---
180 Zenão, SVF I 137 (2).
181 Zenão, SVF I 138.

> *fruto do acaso: de fato, nem todo fogo e nem todo* pneuma *têm a mesma propriedade. Por isso, o* pneuma *terá uma razão específica e uma faculdade própria: em resumo, como dizem alguns, o seu* tônus.[182]

Compreende-se bem, a partir destes três fragmentos, que o *pneuma* é uma realidade graduável e que, com base no *tônus*, pode ser mais coisas sem mudar sua essência.

> *Segundo aqueles para os quais a alma vive uma só vida, a do composto, sendo essa, como querem os estoicos, misturada ao corpo* [...] *a presença da alma e do corpo é de um só tipo: a participação da alma no corpo, e a total mistura em todo o vivente. E quais partes admitem?* [...] *Eles sustentam que partes do* pneuma *se irradiam em várias direções do hegemônico: algumas em direção aos olhos, outras em direção às orelhas, e outras ainda em direção aos outros sentidos.*[183]

A composição da alma, reduzida a uma só substância que se diferencia em várias faculdades,[184] é suficiente para garantir a continuidade das atividades psíquicas as quais não mostram diferenças substanciais nem na passagem da esfera racional àquela sensível, nem dos órgãos dos sentidos à razão: "A alma

---

182 Crísipo, SVF II 785.
183 Crísipo, SVF II 826 (2).
184 Compreendidas na maior parte dos casos como qualidades residentes no substrato, como diz Crísipo em SVF II 826 (1).

– dizem os estoicos[185] – vive uma só vida, a do composto [biopsíquico], sendo essa misturada ao corpo".

Portanto, as oito partes que, para nossos filósofos, constituem a alma (o hegemônico [ou a razão], os cinco sentidos, a geração e a fonação) são unitárias e se configuram do seguinte modo:

> *Para os estoicos a alma é composta* de oito partes: *cinco correspondem aos sentidos (visão, audição, olfato, paladar, tato), o sexto à fonação, o sétimo à geração, e o oitavo ao hegemônico. Desta parte, todas as outras se projetam a seus próprios órgãos, como tentáculos de um polvo.*[186]

> *Os estoicos sustentam que o* hegemônico *é a parte superior da alma e que esse produz as representações, o assenso, as sensações e os impulsos: chamam-no também de pensamento. Do hegemônico se originam* sete partes *da alma que se estendem em direção do corpo como os tentáculos de um polvo. Das sete partes da alma, cinco consistem nos sentidos: visão, olfato, audição, paladar e tato. Destes a* visão *é o* pneuma *difundido pelo hegemônico até os olhos; a* audição *é o* pneuma *estendido do hegemônico às orelhas, o olfato, o paladar e o* tato *respectivamente, do hegemônico ao nariz, à língua, aos órgãos epidérmicos da sensibilidade tátil.*[187]

O centro (ou o vértice) do homem é, portanto, a faculdade racional, ou seja, a parte soberana

---
185 Crísipo, SVF II 826 (2).
186 Crísipo, SVF II 827.
187 Crísipo, SVF II 836 (1).

(hegemônica) da *psyché*. Aqui se encontra um *pneuma* puríssimo que se *mistura* com as outras partes da alma e do corpo (e, portanto, em um certo sentido se dilui), qualificando-se ora como faculdade sensível, ora como função reprodutiva e comunicativa. A substância é sempre a mesma, mas o *tônus* determina diferenças que não são somente quantitativas, mas também *qualitativas*.

Retorna, como se nota, aquele critério organicista que havia caracterizado o *incipit* da física, mas esse, em seu desenvolvimento, parece capaz de produzir diferenças de tipo dualístico (por exemplo, na oposição entre o corpo e a mente) de potência comparável àquela expressa pela filosofia transcendente de Platão.

Isso aparecerá com maior evidência na moral e em seguida no desenvolvimento histórico do Estoicismo, mas desde este momento encontramos, de um lado, a excelência da alma humana, coroamento e fim da criação, e de outro, a sua perfeita naturalidade: de uma parte, o seu caráter "divino",[188] de outra, o seu destino mortal (e, realmente, para os estoicos os deuses "morrem" na conflagração cósmica!):

> *A alma, para os estoicos, não morre logo ao se destacar do corpo, mas as* almas *mais inconsistentes – que são aquelas dos incultos – se tornam um composto evanescente; entretanto, as almas*

---

188 No sentido que para os estoicos o princípio (o *logos*) é chamado de "deus" e, por consequência, tudo aquilo que deriva do princípio (por obra do *pneuma*) pode ser chamado de "divino".

mais vigorosas - aquelas dos sábios - sobrevivem até a conflagração cósmica.[189]

Os estoicos sustentavam que as almas separadas do corpo subsistem e continuam a viver por si: aquelas mais fracas por pouco tempo, já aquelas mais fortes até a conflagração universal.[190]

---

189 Crísipo, SVF II 810 (1).
190 Crísipo, SVF II 810 (2).

V.
A ética

1. A linha naturalista

A física leva consigo a ideia de uma homogeneidade universal, fundada sobre a corporeidade e sobre o materialismo monístico. A lógica porém, ao menos intencionalmente, rompe esse monismo com a introdução dos incorpóreos. Ambas as ciências resultam na ética, e assim, nesta se reúnem tensões filosóficas contrapostas que, amplamente falando, terminam na relação entre a *necessidade* que vem da física e a *irrealidade* da lógica que de fato torna o objeto do pensamento humano estranho ao mundo.

Essas forças todas confluem na natureza, porque os estoicos não se esquecem jamais de que a razão se torna consciente de si mesma — e, portanto, o princípio do *logos* realiza a si mesmo — apenas quando nasce a espécie humana, e apenas depois que o homem atinge o estágio da razão, em torno dos sete ou catorze anos:

> A razão *no sentido completo se manifesta em nós à idade de 14 anos, como afirmam Aristóteles, Zenão, Alcmeão o Pitagórico.*[191]

---

191 Zenão, SVF I 149 (1).

> *Ainda, a respeito do intelecto e das faculdades psíquicas superiores, os estoicos sustentam que a razão não se forma desde o começo, mas se compõe em um segundo tempo, aos 14 anos, a partir das sensações e das representações.*[192]

A Natureza, portanto, não é apenas regida por uma lei racional, mas torna-se também consciente desta em sua parte melhor, que é o homem. Com isso, realiza no Universo o que acontece também no campo humano: de fato, nem tudo o homem pensa, mas isso não exclui o fato de que o homem, no todo, seja pensante.

2. A "bioética"

Deste ponto de vista, não teremos que lidar com uma ética, mas com uma "bioética", não no significado contemporâneo do termo, que é antropocêntrico,[193] mas em um sentido *vitalístico*, ao qual se coloca o problema de como a vida (e não o homem!) deve agir para existir e se manter.

A conclusão imediata e surpreendente é a de que os estoicos, dadas as suas premissas, devem se colocar em busca de uma *moral que valha para todos os viventes*, ou seja, até mesmo para as plantas (a moral que as plantas e as flores devem praticar) e os animais privados de razão (por exemplo, a moral que os insetos

---
192 Zenão, SVF I 149 (2).
193 Trata de como o homem deve se comportar frente à própria vida e a de outros.

devem praticar): e isto, bem compreendido, não do ponto de vista humano, mas do ponto de vista da *physis* (natureza):

> Lê-se na obra Questões de física: *"Não há outro modo nem modo mais adaptado para enfrentar a questão dos bens e dos males, ou da virtude, ou da felicidade, se não a partir* da natureza comum e da estrutura do cosmo". *Prossegue assim:* "O discurso sobre os bens e os males se liga a tal problemática, dado que não existe nenhum fundamento ou referimento melhor do que este. De outro lado, se há um bom uso da ciência física, este é exatamente quando se aplica à distinção dos bens e dos males".[194]

Este "a partir da natureza comum" confere à moral estoica uma estabilidade extraordinária, mas também um grau elevado de problematicidade.

Perguntemo-nos então o que é a natureza e como ela mesma se comporta. Simplificando as variadas definições, pode-se concluir que ela é *pneuma* criador e vivificante, como se lê no fragmento sintético SVF II 1133 de Crísipo:

> A natureza é fogo criador *que age na criação segundo um plano, e se move tirando de si a energia necessária* [...]. *Em outro sentido a natureza é* pneuma *quente que se move por si e que* gera em virtude de suas potências seminais, *levando à conclusão e mantendo em vida o homem* [...]. *Chama-se natureza também a mistura <dos*

---

194 Crísipo, SVF III 68.

elementos>, a força de coesão, o movimento que segue o impulso. E também é chamada de natureza a força que guia o ser vivente.

Não é de surpreender tal definição, porque toda a realidade é feita assim – ou seja, do *logos*-fogo que se expande sob a forma de sopro quente vivificante –, apenas que desta perspectiva é preciso colher o horizonte máximo da realidade, o qual parece ser ainda mais amplo do que a própria natureza e substancialmente dividido nos três reinos: da *coesão* (os minerais), da *natureza* (os viventes) e da *alma* (o conhecimento sensível e sobretudo o pensamento):

> *<Deus> de fato ligou alguns corpos à força de coesão, outros à natureza, outros à alma,*[195] *e outros ainda à alma racional. (a) Portanto, como vínculo sólido das pedras e das madeiras [...] ele fez a força de coesão, que é o* pneuma *que se volta sobre si mesmo: começa de fato a estender-se do centro aos confins do corpo, e quando lhe toca a superfície extrema, volta novamente para trás até que atinge o mesmíssimo lugar de onde havia tirado o primeiro impulso. [...] (b) A natureza* (physis) *Deus a designou às plantas e a compõe misturando várias faculdades: a de se nutrir, de se desenvolver e de crescer. [...] (c) <O Criador>, porém, fez a* alma *diferente da natureza por três carácteres: a sensação, a representação, o impulso [...] <e fez o homem> excelente em relação aos outros animais. O homem recebeu*

---

195 Em Crísipo, SVF II 1132 a força de coesão também é atribuída à natureza.

> *a extraordinária prerrogativa da inteligência, a qual costuma compreender a natureza de tudo, corpos e coisas.*[196]

Há o fato de que no específico projeto da *physis* todos os seres se mantêm ligados à sua esfera de pertencimento, de forma que cada um deve seguir sua natureza, e não apenas a sua natureza, mas também aquela complexiva em que tudo está inscrito.

> *Crísipo diz que viver segundo virtude equivale a viver segundo a experiência natural. Como as nossas naturezas são partes do todo, o fim consiste em viver segundo a natureza, vale dizer segundo a natureza própria e do todo, sem ir de encontro em nenhuma de nossas ações à lei comum consolidada.*[197]

> *Definições do tipo "<o fim é> o viver em conformidade dos eventos naturais no sentido geral" [que é a definição de virtude de Crísipo] no fundo equivale a dizer: "viver coerentemente".*[198]

Essa dupla finalidade é devida ao fato de que a natureza não se pode decompor em suas fases de desenvolvimento, mas é *sempre uma unidade de evolução*, como sugere o seguinte texto:

> *Dizem que o mesmo* pneuma *em uma primeira fase seja natureza, e que se torne alma quando encontra o frio onde se tempera e se faz mais leve [...] portanto, a* natureza *vem antes da alma*

---

196 Crísipo, SVF II 458 (2).
197 Crísipo, SVF III 4 (1).
198 Crísipo, SVF III 12 (1).

e se torna alma por efeito de causas externas. No fim das contas, os estoicos colocam em primeiro lugar aquilo que é pior, ou melhor, antes disso colocam uma realidade ainda inferior, que chamam de força de coesão. *É óbvio que o* intelecto *venha por último, enquanto deriva da alma.*[199]

Neste ponto, é necessário saber como a natureza age em seu complexo, em relação aos viventes de quem é mãe:

> *[Na visão dos estoicos, a natureza] permite a subsistência dos corpos animados e dos vegetais, sendo dotada da faculdade de comunicar o movimento, de assimilar aquilo que é congênere, e expelir aquilo que é estranho. Além disso, a natureza constitui seus produtos com arte, e lhes provê certas outras faculdades: aquela que a liga a seus filhos em uma forma de* prover afeição *e aquela que produz comunhão e harmonia entre as partes homogêneas.*[200]

Como se vê, a *physis* confere aos viventes, junto a seu corpo, também uma espécie de programa de sobrevivência, que determina em linhas gerais o relacionamento com o ambiente e com os próprios semelhantes: sem isso, é evidente que nem mesmo o corpo mais potente e perfeito poderia continuar em vida.

Os estoicos o chamarão de princípio de *oikeiosis* (que quer dizer "apropriação"), ou "primeiro impulso", ou "primeira conciliação", mas, na substância, isso

---
199 Crísipo, SVF II 804.
200 Crísipo, SVF II 1138.

corresponde a uma *regra universal de sobrevivência* que se coloca em todo o vivente, produzindo reações de "familiaridade e estranheza"[201] em correspondência ao impulso. Do *oikeiosis,* que é o fundamento da moral estoica, há muitas versões, mas a mais significativa é a seguinte:

> *Os estoicos sustentam que o primeiro impulso do animal é aquele de* cuidar de si mesmo, *enquanto* a natureza *desde o começo o leva a se apropriar de si mesmo; assim diz Crísipo no primeiro livro de* Os fins, *quando sustenta que as coisas que cada ser vivente* sente mais próprias *[daí o termo* oikeiosis*] são a* sua constituição e a consciência *que tem.* Não haveria sentido se um animal fosse contra si mesmo ou fosse de encontro a ou não sentisse como próprio aquilo que o criou. *Fica apenas a tese de que a natureza que o criou o leve a se apropriar de si mesmo: de tal modo que de fato* consegue evitar as coisas maléficas e a seguir as coisas benéficas. *Os estoicos desmentem aqueles que sustentam que o primeiro impulso dos animais é em direção ao* prazer. *A seu ver, o prazer, se é que existe, nasce depois que a natureza obteve os meios aptos para sua subsistência, que procurava: é exatamente isto que faz com que os animais se satisfaçam e as plantas floresçam. Efetivamente, dizem os estoicos*, não há diferença entre a natureza vegetal e a natureza animal, e a natureza consegue governar as plantas mesmo

---

201 Como se lê no já citado fragmento SVF II 458 (2) de Crísipo: "A coisa que se revela e deixa a estampa dispõe a alma ora à familiaridade com essa, ora à estranheza".

sem a ajuda do impulso e da sensação; e por outro lado, até em nós homens algumas partes mantêm os caráteres das plantas *[por exemplo, os cabelos]*. *Os animais têm a mais o impulso, do qual se servem para procurar o que lhes é útil: portanto, para estes seres, viver segundo a natureza corresponde a se deixar guiar pelo impulso. Aos seres racionais, a razão foi dada como coroamento em uma posição eminente: eis, portanto, que para estes seres o viver conforme a razão corresponde exatamente ao viver* conforme a natureza, *dado que a razão controla o impulso.*[202]

O texto é muito denso e exige ser analisado.

1. Em primeiro lugar, o princípio de apropriação *se estende a todos os viventes,* animais, plantas[203] e homens, e isso basta para anular a tese – de tipo epicurista e de grande difusão – de que o primeiro impulso do vivente é constituído por prazer/dor, porque as plantas não têm órgãos sensoriais.

> <*Para os estoicos*> *a natureza não vê diferenças entre as plantas e os animais, porque regula também a vida das plantas sem impulso e sensações; e por outro lado em nós se geram fenômenos da mesma forma que nas plantas. Mas como nos animais foi produzido também o*

---

202 Crísipo, SVF III 178.
203 Por exemplo, o girassol: o princípio de sobrevivência (ou seja, a *oikeiosis*) o impulsiona a todo momento a seguir sua fonte de vida. Consideremos também o fenômeno da hibernação em certos mamíferos como um modo para fugir do frio que é nocivo à vida. Em tal sentido, até mesmo a evidência empírica atesta a *oikeiosis* no reino vegetal e animal.

impulso por meio do qual esses se dirigem aos seus próprios fins, disso deriva que a sua disposição natural aja em seguir o impulso. E como os seres racionais receberam a razão por uma conduta mais perfeita, seu viver segundo a razão coincide exatamente com o viver segundo a natureza, enquanto a razão se soma, para eles, como plasmadora e educadora do instinto.[204]

Ora, uma função prazer/dor é muito mais elementar do que aquela que os estoicos propõem, porque é apenas *reativa* e *subjetiva*, enquanto o princípio de apropriação é capaz de produzir respostas complexas e articuladas.

2. Portanto, a principal tarefa que o sujeito se propõe é aquela de se apropriar de si mesmo, como bem se lê neste passo:

A natureza universal [...] desde o nascimento nos inculcou e fez crescer conosco o amor e o afeto por nós mesmos, de modo que a cada um de nós absolutamente nada fosse mais importante que nós mesmos.[205]

O fragmento que somente relatamos para ilustrar este ponto refere-se apenas ao homem porque é tirado das obras éticas de Crísipo, mas deve ser estendido a todos os viventes, e isso nos faz compreender que o sujeito ativo da *oikeiosis* não é propriamente

---

204 Diógenes Laércio, *Vite dei filosofi*, VII 86 (tradução italiana de M. Gigante. Roma-Bari: Laterza, 1976, v. I, p. 274).
205 Crísipo, SVF III 181; *cf.* mais adiante, o passo retomado em sua totalidade, em correspondência à nota 231.

o indivíduo, mas *a natureza em nome do indivíduo*. O imperativo "nada deve nos ser mais importante do que nós mesmos", podemos compreendê-lo como regra do *egoísmo natural*, que faz com que seja absolutamente proibido querer a própria morte, tanto para o indivíduo quanto para a espécie.[206] Neste ponto, *o suicídio seria absolutamente inatural*.

3. O primeiro, por natureza, consiste na conquista da própria *"constituição [sustasis] e da consciência* que dela se tem". Sêneca explica com clareza o que quer dizer se apropriar e ter consciência da própria constituição em sua *Carta* 121, 15s.

> *Cada idade tem a sua* constituição (unicuique aetati sua constitutivo est), *diferente para o recém-nascido, para a criança, <para o jovem>, para o velho: todos se adaptam à constituição em que se encontram* (omnes ei constitutioni conciliantur in qua sunt). *O recém-nascido não tem dentes: ele se adapta a esta sua constituição.* [...]. *De fato, até aquelas plantas que se transformarão em colheita e em grãos têm uma constituição quando são imaturas e acabam de sair do solo; uma outra quando já cresceram e se erguem em seu caule ainda fraco* [...]: *seja em qual constituição esteja, a mantém e se torna uniforme. Diferente é a idade do recém-nascido, da criança, do jovem, do velho: eu, porém, sou o mesmo que era recém-nascido, criança e jovem. Assim, mesmo que alguém tenha ora*

---

206 De fato, no fr. SVF III 181 citado fala-se explicitamente de "princípio de conservação da espécie humana".

esta ora aquela constituição, a adaptação da própria constituição é sempre a mesma (*conciliatio constitutionis suae eadem est*). *De fato, a natureza não me confia a criança ou o jovem ou o velho, mas a mim mesmo. Portanto, o recém-nascido se adapta à sua constituição* (*constitutioni suae conciliatur*) *que agora é aquela de recém-nascido, não àquela que será a do jovem; e se deve passar a um modo de ser mais elevado, isso não quer dizer que aquele no qual nasce não seja segundo a natureza*.

A "constituição" da qual Sêneca fala significa, portanto, a individualidade única e constante em toda a vida do homem e de todo ser vivente: é o elemento de continuidade que liga os estágios do desenvolvimento, não mais da espécie, mas do indivíduo.

4. Além disso, a *oikeiosis* implica não apenas a existência de uma constituição (identidade individual), mas também a consciência (*suneidesis, sensus sui*) dessa. E isso se baseia sobre a óbvia constatação de que se um homem não se conhece não é capaz de saber o que lhe é benéfico e o que lhe é maléfico. Trata-se, neste caso, de um conhecimento instintivo e substancialmente sensível,[207] mas aberto a elaborações intelectuais como, por exemplo, ao reconhecimento da *familiaridade*, que não seria por si um dado sensível, mesmo que os estoicos o considerassem intuitivo e universal:

---

207 Zenão, SVF I 197 (2): "A apropriação parece ser a sensação daquilo que é próprio, e a sua percepção".

> *No primeiro livro de* A justiça *sustenta que: "Mesmo as feras têm familiaridade com seus pequenos, em razão de suas necessidades. [...] O instinto de apropriação, de fato, parece consistir na sensação e na percepção daquilo que é familiar"*.[208]

No fundo desta afirmação é necessário notar que a extensão do *princípio de apropriação* ao *princípio de familiaridade* abre uma dimensão comunitária muito significativa: o indivíduo na natureza não pode pensar apenas em si mesmo e em seus relacionamentos com o mundo físico (por exemplo, na busca e na escolha de alimento), mas tem obrigação de *pensar também na própria reprodução* e, portanto, deve se voltar a seus semelhantes para reconhecê-los como tais. E enquanto no primeiro caso[209] ele assume para si a tarefa exclusiva da própria conservação, no segundo caso deve assumir também o crédito da conservação dos outros (ou seja, dos familiares). A apropriação passa, portanto, de um *amor* (ou *sensus*) *sui* a um *amor* (ou *sensus*) *omnium*, e de uma função *conservativa* a uma *deontológica* (os deveres em relação aos outros), que Cícero descreve deste modo:

> *Descoberta esta faculdade de escolher e de rejeitar, a consequência imediata é uma escolha feita* com dever, *e continua, enfim, perfeitamente*

---

208 Crísipo, SVF II 724.
209 Aprofundamentos em Roberto Radice, *Oikeiosis. Ricerche sul fondamento del pensiero stoico e sulla sua genesi*. Milão: Vita e Pensiero, 2000, p. 197ss.

> *equilibrada e consentânea à natureza; nesta escolha, começa pela primeira vez a existir e a ser compreendida a essência do que se pode realmente chamar de bem.*[210]

É muito aguda a notação de Cícero, que afasta a posição estoica da posição epicurista, a qual atribuía a naturalidade apenas ao prazer/dor: basta pensar no parto e no cuidado da prole, que é tudo menos prazeroso, entretanto é totalmente natural.[211]

> *Sustentam que não seja incongruente entender por que, por natureza, os filhos sejam amados pelos pais: de resto, é exatamente daqui que aquela comunidade humana, no sentido geral que estamos estudando, tira suas origens. Em primeiro lugar, são compreendidas a figura do corpo e os seus membros, porque mostram com evidência que a natureza seguiu um plano racional ao criá-los; e também estes membros não poderiam funcionar de forma coordenada entre si, se a natureza, uma vez decidida a sua criação, não tomasse conta deles, mostrando pelas suas criaturas uma predileção particular. Mas a força da natureza se manifesta também nos animais ferozes: parece até que ouvimos a voz da natureza, quando percebemos os esforços deles ao parir e ao criar os filhotes. Portanto, como é evidente que nós por natureza somos levados a detestar a dor, assim é evidente que a natureza nos compele também*

---

210 De finibus, III 6, 20.
211 Neste sentido, o parto pode ser considerado uma expressão do *amor omnium* ou um aviamento a este, imposto pela natureza.

a amar aqueles que geramos. *Disso deriva que, por natureza,* não há indiferença entre os homens, e é necessário que um homem não seja estranho ao outro, pelo simples fato de que ele é um homem.[212]

Não esqueçamos de que o passo recém-lido e todos os anteriores se colocam no contexto da "bioética", ou seja, daquele complexo de notas distintivas e de leis que caracterizam todos os seres viventes naturais, entre eles o homem. Isso significa que já na constituição biológica se fundam ao menos duas atitudes que esta implica (por exemplo, a partir do reconhecimento de quem é nosso familiar e quem não é) e a tendência à associação.

Não é difícil imaginar que, quando se passa à moral tipicamente humana, estas duas instâncias da familiaridade e da sociabilidade se tornam plenamente conscientes e racionais, transformando-se em verdadeiras e próprias virtudes: uma levará ao cosmopolitismo e ao igualitarismo; e a outra, à vocação política, como bem representam Zenão e Crísipo:

> *Aquela constituição tão celebrada de Zenão, o fundador da escola estoica, mira este único objetivo: não viver reagrupados em cidades ou em distritos, cada um separado do outro por leis próprias; nós de fato estimamos todos os homens como compatriotas e como concidadãos. Apenas um deve ser o regime de vida e de*

---

212 Crísipo, SVF III 340.

ordem, como de um grupo coordenado que se nutre de uma lei comum.[213]

Além disso, aqueles que têm a lei em comum também têm o direito em comum, e se compartilham de tudo isso, é necessário crer que pertençam à mesma cidade, ou melhor, mais ainda, se é verdade que obedecem aos mesmos decretos e à mesma autoridade. E eles com efeito obedecem a esta celeste constituição, à mente de deus, de um deus dotado de poder soberano. Por esta razão todo este mundo deve ser considerado uma só cidade comum aos deuses e aos homens.[214]

O homem é o único animal social, por natureza, levado a se conciliar consigo e com todos os seus semelhantes.[215]

3. A moral do homem e sua interiorização

Em resumo, se quisermos revisar essa primeira fase da moral a que demos o nome de "bioética", podemos concluir que a *natureza* é protagonista e deu indicações definitivas ao filósofo moral (por exemplo, o princípio da *oikeiosis*, a destinação política, o *sensus sui*, o *amor sui*, o *amor omnium*, o cosmopolitismo), e isto fundou plenamente a ética, considerando-a um desenvolvimento do instinto vital.

---
213 Zenão, SVF I 262 (1).
214 Crísipo, SVF III 399.
215 Crísipo, SVF III 492.

Mas não apenas a ética foi fundada, como também o direito[216] e, contra a posição expressa pelos epicuristas, até mesmo a política: ou melhor, para sermos mais precisos, a "cosmopolítica", porque para nossos pensadores não existe uma diferença substancial entre a lei do cosmo e a lei das cidades, entre a constituição do mundo (de que participam até os deuses) e a constituição dos estados, como se compreende destes fragmentos:

> *A lei não é uma descoberta da inteligência humana nem o fruto de uma sanção popular, mas um ser eterno que rege o mundo inteiro com suas ordens e suas proibições. Nesse sentido, podiam afirmar que a lei fundamental era a mente suprema de deus, ao comandar e vetar as coisas. Com razão, portanto, é celebrada a lei que os deuses conferiram ao gênero humano: esta de fato é a razão e a mente de um ser inteligente capaz de formular comandos e proibições. Os decretos e as proibições dos povos têm o poder de conclamar ao bem e de afastar do mal, e este poder não apenas precede no tempo os povos e as cidades, mas é mesmo contemporâneo ao divino, que salvaguarda e dirige o céu e a Terra.*[217]

---

216 Que se baseia no princípio da solidariedade humana e sobre a lei da natureza, como observa Crísipo, SVF III 344: "Se a natureza não desse estabilidade ao *direito*, todas as virtudes seriam perdidas. Onde estaria a generosidade, onde o amor pela pátria, a religiosidade, a vontade do bem, o reconhecimento? Tudo isto tem origem no fato de que nós por natureza somos levados *ao amor pelos homens*, o qual, pois, é fundamento do direito".
217 Crísipo, SVF III 316.

> *É necessário que, se os deuses existem, não apenas sejam dotados de alma, mas também de razão, e sejam unidos entre si em uma sociedade e em uma irmandade, à medida em que regem o cosmo unitariamente como se fosse um estado comum, uma cidade. Disto deriva que a sua razão não difere daquela que está no gênero humano, e que para nós e para ele vale a mesma verdade e a mesma lei: aquela que ordena o bem e afasta o mal [...]. É certo, porém, que a inteligência, a razão e a sabedoria que se encontram em nós inevitavelmente os deuses as possuem em maior grau, e não apenas as possuem, mas também as usam em obras de valor extraordinário. E como não há nada que supere em valor e em qualidade o cosmo, eis que necessariamente este será confiado à sapiência e à providência divina.*[218]

Essencialmente, com o advento do homem a bagagem instintiva fornecida pela natureza evoluiu no sentido racional e consciente para as virtudes coletivas e individuais.

Mas como compreender esse desenvolvimento?

A ideia de que possa ser gradual e progressivo – que pareceria alinhado com a onipotência da natureza – é de fato desmentida. Muitos testemunhos atribuem à esfera antropológica não tanto uma continuidade evolutiva com a *physis*, mas sim uma profunda descontinuidade.

---

218 Crísipo, SVF II 1127.

> *O que tem o homem de seu? A razão. Graças a esta, vale mais que os animais, e, entretanto, menos que os deuses. A perfeição da razão é, portanto, o bem específico do homem, enquanto todos os outros caráteres ele divide com os animais e os vegetais.*[219]

> *Porque a alma é superior ao corpo, também em relação à vida segundo a natureza, diz-se que as realidades que dizem respeito à alma [...] são superiores em valor àquelas que dizem respeito ao corpo e às coisas externas, como, por exemplo, em relação à virtude, a boa natureza da alma é superior à natureza do corpo, e de forma similar isso acontece para as outras coisas.*[220]

Apesar de a natureza ser uma força cósmica e universal reduzível a *logos* e conter todas as coisas, quando chega ao homem muda substancialmente, torna-se autoconsciente e, portanto, faz um salto de qualidade. A lei da *oikeiosis* para aquilo que é pertinente à Natureza-princípio continua a valer, mas a sua aplicação tem resultados diversos, referindo-se ao homem ou ao resto do mundo, como bem explica Cícero nesta passagem:

> *Primeiro se verifica a propensão do homem por aquilo que é segundo a natureza. Depois, apenas conquistada a inteligência, ou melhor, a noção, chamada em grego de* énnoia, *e discernida a ordem e, por assim dizer, a harmonia que governa*

---

219 Crísipo, SVF III 200a (1).
220 Ário Dídimo (*in:* Stobeo, *Anthologium II* 7b, p. 81, 19ss. Wachsmuth; tradução italiana de C. Viano, *in: Etica stoica.* Roma--Bari: Laterza, 1999, p. 52).

> *seus atos, ele então tem uma consideração muito maior por essa harmonia do que por todas as outras coisas que originalmente tinham sua predileção, e assim, mediante o conhecimento e a razão, chega à conclusão de que nisso reside o sumo bem do homem, digno de ser louvado e desejado para si mesmo; e dado que isto consiste no que os estoicos chamam de* homologia *que podemos traduzir como "conformidade"* [...] *dado que, estava dizendo, nisto consiste aquele bem a que tudo deve se reportar, as ações honestas e a própria honestidade – a única a ser contada como* bem, apesar de posteriormente desenvolvida – *constituem* a única coisa a ser buscada pela própria essência intrínseca e dignidade; enquanto, dos princípios naturais, nenhum é desejável por si mesmo.[221]

Os estoicos fariam essencialmente este raciocínio: é bem verdadeiro que o homem é parte da Natureza e que deve agir em conformidade com esta, como todos os outros seres viventes, mas também é verdadeiro que ele é o único a reconhecer "a ordem e por assim dizer a harmonia que governa os seus atos", ou seja, a saber valorizar o complexo de sua conduta, sendo capaz de uma síntese moral. Em resumo, sabe buscar a coerência (*homologia*) de seus atos, entre eles e em relação a seus princípios. A coerência consigo mesmo,[222] junto ao ser segundo

---

221 Cícero, *De finibus*, III 6, 21 (tradução italiana de N. Marinone. Turim: UTET, 1980 (3), p. 247.
222 Ou a "retidão moral", o que Cícero chama de *honestum*.

a natureza,[223] é o valor agregado que depende do homem, em que o próprio homem se coloca em sintonia não com uma referência exterior, mas diretamente consigo mesmo.

A *homologia*, portanto, assinala uma linha divisória, entre o que está antes e o que se seguirá no desenvolvimento do homem, no que concerne a sua consciência moral.

Cícero explica bem este ponto em *De finibus* III 7, 23:[224]

> *Dado que todos os deveres partem dos princípios naturais* (omnia officia a principiis naturae proficiscantur), *necessariamente destes deve partir também a sabedoria. Mas como frequentemente ocorre que quem é apresentado a alguém tem mais consideração por quem lhe foi apresentado do que por quem o apresentou, não é de se estranhar que, apesar de termos sido inicialmente recomendados pelos princípios naturais à sabedoria, em seguida a própria sabedoria nos seja mais cara do que os princípios a partir dos quais saímos em direção a ela.*

A sabedoria, portanto, *substitui* a natureza no direcionamento da conduta humana; e como em tal contexto a natureza é conotada como *homologia*, para os estoicos é possível sustentar que a conduta humana seja o único bem:

---

223 Porque poderia haver também uma coerência no mal.
224 Na tradução de N. Marinone, *cit.*, p. 249.

> Na verdade, para os estoicos, a retidão moral (honestum), a única coisa que é buscada por si, além de o único bem, consiste em fazer todo o possível para alcançar um bem segundo a natureza, mesmo que não se consiga alcançá-lo.[225]

O que tem *honestum* de particular em relação aos bens primeiros por natureza, a ponto de ser considerado um tipo de conversão resolutiva?

Sobre o fato *de ser a única realidade moral a não depender do êxito das próprias ações*, e ser autor-referencial, ou seja, não perder o próprio valor "quando não se consegue alcançar" o bem que se pretendia.[226]

> A respeito deste ponto nós epicuristas estamos mais corretos que os estoicos, que negam que exista outro bem além daquele não sei que fantasma que chamam de coerência moral (honestum): *um grande nome, certo, mas sem substância. Ora, uma virtude fundada sobre esta* coerência moral não tem necessidade de nenhum prazer nem de nenhuma outra coisa para garantir uma vida feliz.[227]

---

225 Crísipo, SVF III 44.
226 A contribuição dos bens externos à felicidade é necessária até mesmo na minima ética epicurista que se baseia inteiramente sobre bens naturais e necessários: até comer quando se tem fome, e beber quando se tem sede, apenas aquele tanto que basta para cessar os estímulos dolorosos da fome e da sede é dependente do fato de que haja comida, e, portanto, não depende de mim. Por tal motivo, os princípios naturais da moral não garantem plenamente a felicidade de quem os busca.
227 Crísipo, SVF III 51.

Tal condição tem como resultado extraordinário o fato de que o *honestum* e a virtude que lhe segue se acompanham *necessariamente* até a *felicidade* sem nenhum aporte do mundo externo:

> Se, como escreveu Crísipo no primeiro livro de Protréptico, *a vida feliz se reduz à vida segundo a virtude, nenhuma das outras coisas lhe diz respeito, nem contribui a uma tal vida beata.*[228]

> *Dizem que o fim consiste em ser feliz, e que exatamente a isto se direciona cada ação nossa, enquanto que o ser feliz não se realiza com vistas a nada mais.* [...] *Disto resulta claramente que expressões do tipo "viver segundo a natureza", "viver uma bela vida", "viver bem", "viver uma vida bela e boa", "virtude e o que participa da virtude" são sinônimos. E então toda coisa bela também é boa, e toda coisa feia é má. Portanto, também para os estoicos o fim equivale a uma vida segundo virtude.*[229]

> *Qual é a natureza específica do homem? A razão, que quando é reta e perfeita dá ao homem* a plenitude da felicidade. *Por consequência, se toda coisa quando realiza perfeitamente o seu bem específico é digna de louvores e atinge seu fim natural, e se o bem específico do homem é a razão, então, uma vez que este a tenha realizado plenamente, será digno de louvores e terá atingido o seu fim natural. Uma tal razão perfeita leva o nome de virtude e é exatamente* coerência moral (honestum).

---

228 Crísipo, SVF III 139 (3).
229 Crísipo, SVF III 16.

> *Portanto,* apenas isto no homem é o bem,
> porque apenas um é o seu bem específico.[230]

Com isto, a esfera moral se coloca *totalmente no interior* do homem, segura de toda ameaça da má sorte e de toda lisonja da sorte, realizando de tal modo um dos principais objetivos do Helenismo, ou seja, aquele de ser cuidado e consolação aos males da alma.

3.1 A dupla *oikeiosis* e as virtudes

Como a constituição do homem é biopsíquica, ou seja, dupla, o princípio natural da *oikeiosis* deve ser aplicado duas vezes. Um notável fragmento de Crísipo relatado por Gélio sintetiza esta passagem crucial:

> *A natureza universal, que é nossa mãe, desde o nascimento nos inculcou e fez crescer conosco o amor e o afeto por nós mesmos, de modo que a cada um de nós absolutamente nada fosse mais caro do que nós mesmos; além disso, <tal mesmíssima natureza> estabeleceu que exatamente nisto se encontrasse o princípio de conservação da espécie humana: ou seja, no fato de que cada um, apenas veja a luz, tenha a cognição e experimente atração por aquelas realidades que os antigos pensadores chamavam de "primeiras por natureza", as quais consistem em gozar de tudo o que é bom para o corpo e repelir tudo o que o lhe é prejudicial. Em seguida, com o passar do tempo* de suas sementes se desenvolveu

---

230 Crísipo, SVF III 200a (2).

> a razão, o discernimento no uso do intelecto e a cognição daquilo que é moral e verdadeiramente útil, *além de uma capacidade de escolha mais aguda e motivada entre o que faz bem e o que não faz bem. Em seguida a tal exame, emergiu em todo o seu esplendor* a dignidade do bem moral, *a ponto de sustentar que,* se qualquer impedimento externo surgisse para colocar obstáculos a sua conquista ou a sua conservação, dele nem deveria se dar conta. *Pensou-se, portanto, que nada mais fosse o bem a não ser* a retidão moral (honestum), *e nada mais fosse o mal do que aquilo que é moralmente desprezível. Estabeleceram, por consequência, que* aquelas realidades intermediárias entre estes dois não fossem nem bens nem males. *Além disso, aqueles efeitos e aquelas relações que eles mesmos chamam de preferidos e repelidos foram distintos e separados em razão de seu valor; portanto, o* prazer *e a* dor, *no que concerne ao seu efeito sobre o fim enquanto tal – ou seja, sobre a vida boa e beata –, foram relegados às realidades intermediárias e julgados nem bens nem males.*[231]

A natureza única na qual o homem se insere se desenvolve em dois ramos, dos quais um – aquele psíquico-racional – é superior ao outro, e quando este aparece suspende o outro.

Prova disso é a abordagem diferente dos estoicos em relação ao suicídio, o qual, no âmbito da *moral natural* – voltada à espécie – vale como o *absoluto inatural*, porque nega o supremo princípio

---

231 Crísipo, SVF III 181.

de sobrevivência (*oikeiosis*), mas no caso da moral humana é considerado lícito nestas condições:

> Se a virtude se realiza na escolha das coisas que são conformes à natureza e em sintonia com esta, e na recusa e no repúdio àquelas contrárias, é necessário claramente que exista um objeto da escolha. Só que nem sempre este existe, e portanto, quando este vem a faltar, aquele que detém a virtude se retira desta vida. E em tal caso o suicídio não é determinado pela incapacidade de escolher, porque esta é tarefa específica da virtude, mas pela ausência do objeto próprio da escolha.[232]

O sábio escolhe a via do suicídio quando é impossibilitado[233] de exercitar a escolha segundo a razão que sua natureza imporia. Isto leva à conclusão de que uma tal escolha se impõe apenas ao sábio e não ao tolo, o qual não é compelido a esse tipo de coerência, como resulta de um fragmento aparentemente desconcertante relatado por Estobeu:

> Em muitos casos é um dever preciso do sábio sair da vida, enquanto que para o tolo é preferível

---

232 Crísipo, SVF III 766.
233 Os estoicos previam cinco casos em que o suicídio era lícito, como diz Crísipo em: SVF III 768: "Do mesmo modo, são cinco os tipos de suicídio segundo a razão. Ou por efeito de uma grave emergência, como se a pitonisa mandasse alguém a se matar pela sua própria cidade, porque sobre esta recai uma tragédia, [...] ou porque os tiranos perdem todo o controle e nos obrigam a cumprir ações imorais, ou a dizer aquilo que não se deve dizer [...], ou porque uma grave doença impede que a alma por um longo perídodo faça uso instrumental do corpo: neste caso é razoável que esta alma se faça sair do corpo".

> *ficar vivo, mesmo se não se tornará jamais um sábio. Não é verdadeiro que a virtude mantém em vida e o vício afasta da vida, mas é o dever e o comportamento conforme o dever que dão a medida do viver e do morrer.*[234]

Isto demonstra que o imperativo da *oikeiosis*, que é lei soberana na natureza, no caso do homem é aplicado duas vezes, a segunda vez, à essência racional (a verdadeira essência do homem), no sentido do *honestum*, segundo esta fórmula: "Que coisas são boas para o [verdadeiro] homem, ou seja, a razão, e quais lhe são nocivas?".

Todavia, dadas as premissas, aquilo que é bom para a razão humana será nada mais que a *ciência*, e aquilo que lhe é nocivo, nada mais que a *ignorância*: portanto, a ciência será equivalente à virtude, e a ignorância, ao vício.

Neste ponto, os estoicos discutiram muito os números das virtudes, se estas eram tão numerosas quanto exigia a tradição ou quantas eram as suas qualidades específicas e os âmbitos a que se aplicavam, ou se era uma só, porque única é a matriz de todas, ou seja, a razão e a ciência. Como resulta dos textos que mostramos, as duas posições foram assumidas respectivamente por Zenão e Crísipo, e por Aristão:

> *Parece que até Zenão de Cítio era atraído por esta tese quando definiu a justiça como uma*

---

234 Crísipo, SVF III 758.

forma de sabedoria na distribuição dos bens, a temperança como uma forma de sabedoria que guia a escolha, e a coragem como uma sabedoria em suportar os riscos. Os apoiadores desta doutrina sustentam que Zenão chamou de ciência tal sabedoria. Crísipo, entretanto, pensando que toda virtude, enquanto qualidade <de alguém>, era formada de uma dada qualidade <em si>, sem perceber suscitou, para dizer como Platão, "um enxame de virtudes", estranho e incomum. De fato, como no valoroso há o valor, no benigno há a benevolência, e no justo há a justiça, assim também no gracioso colocava a "graciosidade", no bem, a "bondade", no grande, a "grandiosidade", no belo, a "beleza", e tantas virtudes análogas, como a "gentileza", a "afabilidade", a "argúcia", enchendo a filosofia de uma quantidade de nomes extravagantes de que realmente não necessitava.[235]

Aristão, sustentando que a faculdade psíquica com a qual raciocinamos é uma só, admite uma única virtude da alma: a ciência dos bens e dos males. Quando se trata de escolher os bens e de fugir dos males, chama esta ciência de temperança; *quando se trata de fazer o bem e não fazer o mal, chama-a de* sabedoria. *Quando se deve ousar ou fugir, eis a ciência da* coragem; *quando é necessário dividir segundo o dever, eis aquela da* justiça. *Em resumo, quando a alma conhece, mas não coloca em prática os bens e os males, então tem a sapiência e a ciência; mas quando a alma*

---

[235] Crísipo, SVF III 255.

> *confronta as ações da vida cotidiana, então assume <as virtudes> supramencionadas com todos os seus nomes: sabedoria, temperança, justiça e coragem.*[236]

Todavia, como é fácil compreender, não se trata de diferenças essenciais,[237] e na substância deixaram não resolvida a tarefa da moral que consiste em aumentar a ciência e diminuir a ignorância: todo o resto – diziam os nossos filósofos – é indiferente. Apolodoro de Selêucia explica bem o que compreendiam os estoicos com "indiferentes":

> *Nem boas nem más são aquelas coisas que não trazem vantagem nem dano à verdadeira essência do homem, como a vida, a saúde, o prazer, a beleza, o vigor físico, a riqueza, a boa fama, a nobreza de origens; e também as condições contrárias a estas não são nem boas nem más, por exemplo, a morte, a doença, o sofrimento, a feiura, a fraqueza, a pobreza, o ser desconhecido, as origens humildes e outros estados semelhantes. Assim diz Hécato e [...] Apolodoro em sua Ética e Crísipo.*[238]

É evidente que afastar da ética os temas "da vida, da saúde, do prazer e da beleza", como pretende Apolodoro na passagem citada, torna de fato inútil a reflexão moral. Eis por que os estoicos sentiram a necessidade de uma segunda *oikeiosis*, do tipo "bioético", porque aplicada ao corpo e "àquelas

---
236 Crísipo, SVF III 256.
237 Mesmo que as virtudes fossem inumeráveis, no todo constituem um único sistema "coerente".
238 Apolodoro de Selêucia, SVF III 14.

realidades que os antigos pensadores chamavam *primeiras por natureza*",²³⁹ distinguindo-as em *preferidas, rejeitadas* e *absolutamente indiferentes*.

> Pelo que concerne ao corpo são preferidos a vida, a saúde, o vigor, a boa constituição e proporção, a beleza. Entre os bens exteriores são preferidas a riqueza, a fama, as origens nobres e similares. São entretanto rejeitadas, [...] no âmbito corpóreo, a morte, a doença, a feiura e similares. No que concerne à esfera externa: a pobreza, a má reputação, as origens obscuras e assim por diante. Nem preferidas nem rejeitadas são aquelas coisas que não recaem sobre uma tipologia nem sobre a outra.²⁴⁰

Como é fácil notar, "preferido e rejeitado" são termos que não implicam um valor absoluto (e em tal sentido, nem contribuem à felicidade), mas têm um valor relativo pelo qual a saúde não seria um bem em si (não aumenta a virtude-ciência), mas um bem em relação à doença, e assim também a riqueza em relação à pobreza e a beleza em relação à feiura:

> Definem, portanto, preferido aquele algo indiferente que escolhemos com base em um raciocínio determinante aos fins da escolha. O mesmo é dito

---

239 E que agora, superada a primeira *oikeiosis*, são consideradas moralmente indiferentes, já que não são nem bens nem males.
240 Crísipo, SVF III 127. Na classe das realidades nem preferidas nem rejeitadas recairiam situações do tipo: "Ter na cabeça um número par ou ímpar de cabelos, ou estender o dedo deste ou daquele modo, ou levantar algo que está na nossa frente, como arbustos ou folhas", como diz Crísipo em SVF III 118.

pelo que é rejeitado, para o qual valem exemplos análogos. Nenhum dos bens é preferido porque os bens têm um valor absoluto; em vez disso, o preferido, enquanto possui um valor secundário, *é afim à natureza dos bens. No reino, o rei não é um preferido; preferidos são aqueles a ele submetidos.* Levam o nome de preferidos não porque cooperem ou contribuam à felicidade, mas porque se é necessária uma escolha entre eles e os rejeitados.[241]

À luz do que lemos, o esquema dos princípios da moral estoica pode ser assim representado:

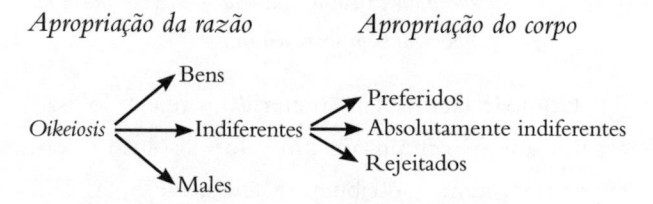

Apropriação da razão　　　　*Apropriação do corpo*

```
            Bens                    Preferidos
Oikeiosis → Indiferentes ← → Absolutamente indiferentes
            Males                   Rejeitados
```

4. Deveres e ações retas

Se se passa da esfera das enunciações àquela da práxis moral (ou seja, os atos), repropõe-se uma estrutura análoga. As ações que seguem a conquista do bem ou que levam a um bem são ditas *ações retas* e correspondem à *virtude;* da mesma forma, aquelas contrárias são ações más. Enfim, as ações que recaem sobre os indiferentes são ditas *ações intermediárias*, ou "nem boas nem más". Trata-se, portanto, da simples aplicação da fórmula da *oikeiosis* aos dois campos, mas com algumas grandes implicações.

241　Crísipo, SVF III 128.

O fragmento SVF III 181 de Crísipo, supracitado, nos confirma a ideia de que o valor ético de um ato não se justifica com base nos efeitos que o ato tem, ou no sucesso ou insucesso que consegue, porque a dignidade e o esplendor do bem moral continuam não contaminados "se qualquer impedimento externo surgisse para colocar obstáculos a sua conquista ou a sua conservação, dele nem deveria se dar conta". Nesse ponto, as ações retas enquanto tais não têm em si a insígnia de sua natureza, mas *dependem totalmente das intenções de quem as cumpre:*

> Sem um propósito reto, não haverá uma ação reta: do propósito, de fato, procede a ação. Mas por sua vez o propósito não será reto se a habitual disposição de ânimo não for reta, já que é exatamente do primeiro que depende a segunda. Além disso, a disposição habitual da alma não poderá estar em sua melhor forma se não tiver percebido as regras de toda a vida, e o juízo que se deve dar em cada caso.[242]

> Não cumpre uma ação reta quem sem o assenso da própria consciência faz qualquer outra ação devida, mas não voluntariamente, violentando a própria vontade...[243]

O critério de avaliação dos atos está no grau de consciência de quem os cumpre: uma ação aparentemente boa, como dar esmolas para os pobres, pode

---

242 Crísipo, SVF III 517.
243 Crísipo, SVF III 518.

ser às vezes uma ação reta – se é feita com boas intenções – e às vezes uma ação maldosa, se se cumpre, por exemplo, para ganhar uma imerecida fama.

Mas, estando assim as coisas, pela segunda vez e pelo mesmo motivo de antes, os estoicos correm o risco de fazer uma ética *tão coerente quanto inútil*, porque não há o caráter prescritivo, a partir do momento em que, com base no critério deles, nenhuma ação seria condenável (nem mesmo um homicídio!) ou apreciável (nem mesmo salvar uma vida) *por aquilo que é e pelos efeitos que obtém*.

E, portanto, eis a necessidade de uma categoria posterior, aquela dos *deveres*, a qual enriquece notavelmente o panorama da moral estoica:

> *O tema do dever corre paralelamente àquele do preferido. A sua definição é a seguinte: "O princípio de coerência na vida, e um ato que pode ser justificado racionalmente". De forma oposta se define o que é contrário ao dever. Essa noção de dever se estende também aos animais privados de razão: eles também, em um certo sentido, vivem coerentemente com a própria natureza.*[244]

O dever, lê-se neste texto, é "um ato que pode ser justificado racionalmente", o que significa que pode ser conotado de forma positiva ou negativa[245] *em si, enquanto ato, e não apenas em função da intenção*

---

244 Crísipo, SVF III 494.
245 *Ibidem*: "De forma oposta se define o que é contrário ao dever".

que o animou. O emprego desse conceito, que pela primeira vez entra totalmente no âmbito da filosofia, permite antes de tudo estender o principio da ação também à esfera da "bioética"[246] e, em segundo lugar, compilar uma classificação das ações estendendo, como prevê a própria práxis moral, a norma ética também aos homens imperfeitos.[247]

> *As virtudes perfeitas são posses exclusivas do homem perfeito e de boa raça, enquanto que os deveres intermediários são adaptados também aos homens imperfeitos que concluíram apenas o ciclo propedêutico dos estudos.*[248]

Na verdade, no esquema geral, o dever não deveria fazer parte da ética, porque, mesmo sendo uma ação correta, não é realizado de forma consciente ou plenamente consciente;[249] todavia, os estoicos, levados mais pelo bom senso do que pela filosofia, gradativamente buscaram alinhar o dever à ação reta:

> *Apesar de afirmarmos que apenas o que é moralmente correto é um bem, todavia também é conveniente dedicar-se ao dever, mesmo que* nós não incluamos o dever nem entre os bens nem entre os males. *Neste gênero de coisas há um*

---

246 Mesmo as plantas e os animais têm deveres porque "eles também, em certo sentido, vivem coerentemente com a própria natureza" (*ibidem*).
247 Se a moral se voltasse apenas aos perfeitos, de que serviria?
248 Crísipo, SVF III 552.
249 Crísipo, SVF III 518: "Não cumpre uma ação reta quem sem o assenso da própria consciência faz qualquer outra ação devida, mas não voluntariamente, violentando a própria vontade".

quê de positivo, suscetível a avaliação, e, portanto, também a avaliação positiva.[250]

E assim, introduzindo a categoria dos deveres perfeitos, acabaram por identificar uma noção a outra, como se lê no já mencionado fragmento SVF III 494:

> <O dever> nos animais racionais *se define como "o princípio de coerência da vida". Sustentam que alguns deveres são perfeitos, e os chamam de "ações retas". Estes são atos conformes à virtude, como ser sábios ou justos. Ações que sejam privadas desse caráter – como por exemplo se casar, mandar mensagens, conversar ou coisas similares – não merecem o nome de deveres perfeitos, mas são deveres intermediários.*

Exatamente para justificar esta evolução gradual, nossos filósofos idealizaram o modelo do *homem em progresso* em direção à sabedoria, o qual, porém, mal se adequava à figura, igualmente atestada em sua filosofia, do sábio moralmente perfeito, que não tinha mais necessidade de nenhum incremento na virtude. O resultado era um quadro, por um lado unitário,[251] e por outro lado dualista,[252] do

---

250 Crísipo, SVF III 498.
251 Um mesmo homem gradativamente, por meio do exercício e da educação, poderia de tolo se tornar virtuoso.
252 Ou se é virtuoso ou se é tolo, outra possibilidade não existe. A ideia do sábio que jamais se engana (Crísipo, SVF III 448) e do tolo que se engana sempre (Zenão, SVF I 216) não é uma hipérbole, mas depende da convicção de que *para cumprir apenas uma só ação reta é necessário que toda a vida seja reta* (assim no fr. SVF III 517 de Crísipo, citado anteriormente); e isto é possível apenas no sábio e em ninguém mais.

homem moral, que é bem representado nesta série de textos:

> Os estoicos, enquanto que para as artes admitiram apenas uma idoneidade no sentido estrito, no que concerne às virtudes admitiram uma forma de progresso de valores predestinados a partir do estado natural: aquilo que os peripatéticos chamavam de virtude natural.[253]

> A própria natureza continuamente progride com suas forças: de fato, sem nenhum educador, movendo-se a partir daquelas coisas das quais tinha um conhecimento geral ordinário e elementar, reforça por si a razão, e a torna perfeita.[254]

> Como quem está submerso na água não consegue respirar, esteja ele a um passo da superfície, quase emergindo, esteja ele nas profundezas; e como o filhote que está para conquistar a visão não vê mais do que aquele que acabou de nascer, assim o homem que já tenha cumprido progressos significativos em direção à virtude não é menos miserável do que aquele que ainda não fez progresso algum. [...] É verdade que negam toda forma de incremento no que diz respeito ao vício e à virtude, todavia pensam que ambos podem se difundir e se expandir.[255]

> Todos os pecados se equivalem. [...] Como? Assim como – se diz – entre muitas cítaras, se nenhuma delas tem as cordas na justa tensão

---
253 Crísipo, SVF III 217.
254 Crísipo, SVF III 220.
255 Crísipo, SVF III 530.

> *para sustentar os acordes, todas estão desafinadas; assim os pecados, pelo próprio fato de serem desarmônicos, o são todos da mesma forma: e, portanto, se equivalem.*[256]

> *E como o timoneiro, tenha ele levado a pique um navio cheio de palha, tenha ele afundado uma carga de ouro, erra da mesma forma, assim também erra da mesma forma tanto quem golpeia injustamente um familiar quanto quem golpeia um servo.*[257]

A presença simultânea destes dois modelos tem relação com aquela fratura profunda que se determina na natureza com o nascimento da razão humana: esta comporta uma mudança radical que, porém, se realiza em um certo momento do desenvolvimento, e portanto em continuidade com as premissas naturais.[258]

A tal ponto a natureza e a razão parecem divergir. E como uma tem caráter determinístico e a outra (a partir do assenso) goza de absoluta autonomia, isso coloca um problema de fundo, que se traduz no *relacionamento entre necessidade e liberdade*: a necessidade enquanto lei do mundo, e a liberdade enquanto específica da interioridade humana.

A importância deste tema é evidente, porque da liberdade depende não apenas a qualidade da moral, mas sua própria possibilidade de existir.[259]

---

256 Crísipo, SVF III 531 (1).
257 Crísipo, SVF III 531 (2).
258 O desenvolvimento físico do homem é sempre um evento natural!
259 Que sentido teria dar regras a quem não tem escolha?

5. Liberdade e necessidade

É preciso enquadrar este problema nos dois âmbitos em que naturalmente os nossos filósofos o colocavam: o âmbito particular do homem e o âmbito universal do cosmo, levando-se em conta que para os estoicos o segundo está na base do primeiro.

5.1 Liberdade e necessidade em nível antropológico

Já os filósofos antigos – sobretudo os acadêmicos de origem cética[260] – não deram trégua aos nossos estoicos sobre essa questão.

Cícero,[261] por exemplo, observa, em polêmica com Crísipo: "Aqueles que introduzem uma série infinita de causas acorrentam a mente do homem à necessidade dos fatos, após tê-la privado da livre vontade".

Ainda mais radical é a crítica de Plotino.[262]

> [Os estoicos] desde o princípio, único por definição, [...] levam tudo ao cumprimento por meio das razões seminais [...] e daqui deduzem todo

---

260 Antípatro de Tarso, in: SVF III 19: "Nas polêmicas com os acadêmicos, o maior esforço do próprio Crísipo e de Antípatro foi <demonstrar> que não se deve agir e nem ter impulsos sem o *assenso*, enquanto despertam fantasmas e formulam hipóteses vazias aqueles que sustentam que, na presence de uma representação adequada, se possa logo ceder ao impulso sem se deter, à espera do assenso".
261 *De fato*, cap. XI = SVF II 954, p. 831 da tradução italiana de Radice: "Qui introducunt causarum seriem sempiternam ii mentem hominis, voluntate spoliata, necessitate fati devinciunt".
262 In: *Enneadi*, III, 1.7 1-15

> *tipo de movimento. Efetivamente, uma vez que [...] [no princípio se compreende] a totalidade das causas, cada simples evento não poderá não se verificar, e, portanto, vale para isto a necessidade mais absoluta e universal. <Ou melhor>, se não há nada que fuja ao destino, nada mais poderá se opor a este ou determinar eventos não previstos. Assim, se os eventos derivam de um mesmo princípio, não teremos outra alternativa a não ser nos deixar levar aonde estes nos conduzirem. Em tais condições, também nossas representações serão predeterminadas e assim os impulsos conseguintes, a ponto de aquilo que efetivamente depende de nós, se reduz a um puro nome.*

Gregório de Nissa[263] faz, por assim dizer, a síntese de uma longa tradição de refutações ao *necessitarismo* estoico mais ou menos nesses termos. Cada coisa – diria o estoico – é determinada pela necessidade do Destino, e o destino governa os seres e também as escolhas morais do homem, seja na virtude, seja no vício: de tal modo não dependeria de nós nem escolher de forma livre o que queremos, e até mesmo – observa Gregório – a conversão ao Cristianismo aconteceria apenas pela vontade do Destino.

Por esses motivos, nossos filósofos sempre foram assediados sobre temas fundamentais da liberdade e da necessidade e, portanto, não puderam certamente ignorar a natureza e o tamanho do problema, muito menos limitar esforços para sua solução, na convicção

---

263 *In: Contra fatum*, II 6.

de poder alcançá-la em um tipo de *compatibilidade estrutural* entre os dois termos antitéticos que tentaremos ilustrar brevemente em seguida.

Mas voltemos à crítica de Plotino, que é a mais aguerrida.

O nosso filósofo sustenta que, uma vez reportada toda a realidade a um princípio único que tem caráter germinativo, ou seja, de semente – como efetivamente faziam os estoicos –, todos os eventos sucessivos não poderiam não ser necessários, e "nós não teremos outra alternativa a não ser nos deixar levar aonde estes nos conduzirem". Isso, naturalmente, se estivermos convencidos de que a mesma necessidade que governa os fenômenos externos regula também os fenômenos interiores em continuidade absoluta.

Na verdade, uma tese de tal gênero não é uma descoberta de Zenão ou de Crísipo, mas é implicitamente admitida por seu filósofo inspirador, ou seja, Heráclito, no fragmento B16:

> *Porque, segundo Heráclito,* absorvemos com a respiração *esta razão divina, nos tornamos inteligentes, e enquanto no sono nos tornamos esquecidos, ao acordar temos novamente consciência; no sono, de fato, os poros da sensibilidade se estreitam e a inteligência que há em nós se separa do contato natural com aquilo que nos circunda (sobra apenas, por meio da respiração, uma conjunção, como uma raiz), e, sendo separada, perde aquela capacidade de se lembrar que tinha antes; ao acordar, de novo protuberando-se através dos poros sensíveis, como se fossem pequenas portas,*

e reconectando-se com aquilo que a circunda, reconquista a faculdade racional. Da mesma forma, de fato, que os carvões, quando junto ao fogo, se tornam por mutação incandescentes e, separados, apagam-se, assim também aquela parte do que nos circunda e que é recolhida em nossos corpos se torna, por causa da separação, quase totalmente incapaz de raciocinar.

Certamente, a ideia de Heráclito "de respirar a inteligência do cosmo" pode parecer um tanto ingênua, mas não era sem motivos, porque dava a *razão do conhecimento racional do mundo*[264] e tentava pela primeira vez constituir uma física integrada com a gnoseologia. Talvez por esse motivo foi substancialmente assumida por nossos filósofos sem dificuldade:

> *Heráclito, e com ele concordam os estoicos, conectou a nossa razão com a razão divina que governa e ordena as coisas do mundo: por esta conexão indestrutível, a nossa razão se torna consciente dos decretos da razão divina e, por obra dos sentidos, revela aquilo que acontecerá, quando a alma repousa.*[265]

Mas até que ponto podemos crer homogênea a função do pensamento humano com os processos naturais, mesmo defendendo a convicção estoica de que ambas fossem de natureza corpórea? Em outros termos, para os estoicos o determinismo das coisas produz

---

264 Pretendo falar sobre a *adequação do objeto ao intelecto*: como é que o raciocínio pode prever fatos da natureza mesmo sem experiência?
265 Heráclito, fr. A20.

também o determinismo dos estados de consciência?

Já respondemos em parte a este problema, de forma afirmativa, quando falamos do impulso. O impulso, dizíamos, vem da representação, que por sua vez depende da percepção dos sentidos. Isto inicia um processo do tipo mecânico não diferente do que se vê no mundo físico.

Porém, como sabemos, em tal processo intervém o ato do assenso que nossa razão (*logos*) dá à representação, interrompendo a cadeia causal. Isso é demonstrado pelo fato de que nós, homens, segundo uma escolha precisa, não reagimos a todas as impressões sensíveis que nos tocam, mas apenas a algumas, e de certas impressões nós fugimos já de outras não, graças à memória[266] de seus efeitos sobre nós mesmos. E a memória, por sua vez, dependeria de uma seleção preventiva de sensações que, ela também, não pode vir dos sentidos:

> Não nos deteremos por muito tempo sobre o assenso e a aprovação que os gregos chamavam sugkatathesis. [...] De resto, quando demos esclarecimentos sobre o poder que os sentidos têm, chegamos a esta via de discurso: ou seja, que os sentidos podem ter compreensão e percepção de muitas coisas, e que isso seria impossível na falta

---

266 Para os estoicos "se sente com a cabeça", ou seja, mesmo as sensações têm um quê de racional. Crísipo, *in*: SVF II 862: "Nenhum homem de bom senso diria que são os olhos que veem; é o *intelecto* que vê por meio dos olhos; nem são os ouvidos que ouvem, mas o intelecto que ouve por meio dos ouvidos; nem diria que as narinas distinguem os odores, mas que é o hegemônico que os percebe, graças às narinas".

do assenso. E depois a diferença mais significativa entre o ser animado e o inanimado está no fato de que o animal cumpre uma ação qualquer (se não fosse assim, não seria nem imaginável enquanto animal); agora, ou nós lhe tiramos a sensibilidade, ou lhe restituímos o assenso que está em nosso poder [...] e disso deriva também esta consequência: sem o assenso não há nem memória, e nem a cognição das coisas ou da arte. Exatamente a característica mais importante do homem, ou seja, ter algo que dependa dele, virá a faltar naquele que não concede jamais seu assenso. E onde está a virtude, se em nós não há espaço para nada?[267]

Além do mais, diziam os estoicos, o assenso vem de nós mesmos e não do mundo externo, e, portanto, ao colocá-lo em ação, somos livres. Todavia, notamos que um ponto é *a autonomia*[268] do assenso em relação às realidades externas, outro é a sua *liberdade*, porque, como observou o próprio Cícero,[269] "quando é que a alma poderá ser levada ao impulso se a representação não for tida como coerente à natureza, ou estranha a esta?"

Certo, podemos sustentar que o assenso não anulará o efeito de uma constrição mecânica, mas isso não impede que aconteça aquele efeito também oneroso de uma constrição lógica, já que é sua a tarefa de estabelecer a correspondência ou não correspondência da representação ao dado sensível: e isto não é *ad libitum*. Frente a uma representação *catalética*

---

267 Crísipo, SVF II 115.
268 Ou seja, o ser em nosso poder, *cf.* Crísipo, SVF II 974, 992, 993.
269 *In:* SVF II 116.

(ou seja, clara e aceita pelo *logos*), acontecerá necessariamente o impulso prático,[270] o qual determina a resposta do sujeito sob a forma de uma ação e de um movimento apropriados, que de fato envolvam todos os graus do agir humano:

> *O impulso prático é de várias espécies, entre os quais relembramos as seguintes: o propósito, a determinação, o projeto, a execução, a escolha, a escolha de fundo, a volição, a decisão. O propósito, segundo eles, já é um sinal de cumprimento da obra; a determinação é um impulso que precede um outro; o projeto é uma ação que precede a ação; a execução é um impulso em direção a algo que já está em nossas mãos; a escolha é um ato de vontade que vem de um raciocínio; a escolha de fundo é uma escolha que vem antes da escolha; a volição é um impulso racional; a decisão é uma volição livre.*[271]

Mesmo assediados por estas objeções, os estoicos, obstinadamente, não desistiram jamais – de Zenão a Crísipo – de reafirmar a liberdade e a voluntariedade do assenso, na consciência de defender a última e decisiva fortaleza de sua sapiência.

> *Zenão adiciona o assenso às coisas que são vistas pelos sentidos e quase acolhidas por eles, assenso este que ele considera interior a nós mesmos e voluntário.*[272]

---

270 Crísipo, SVF III 171: "Cada impulso é um assenso, e aqueles práticos têm a mais também a capacidade de determinar um movimento".
271 Crísipo, SVF III 173.
272 Crísipo, SVF I 61.

Além disso, qualquer um poderia se surpreender e perguntar: com base em quais motivos dizem que a nossa liberdade depende do impulso e do assenso, e depois estendem isso também a todos os outros viventes? A nossa liberdade não consiste em cedermos espontaneamente à representação que se nos apresenta e em nos inclinarmos em direção ao que aparece.[273]

Se então a nossa liberdade reside no assenso da razão, que se traduz em um ato de vontade [é esta a opinião de Alexandre], alguns [como Crísipo] a colocam no assenso e no impulso, pelo fato de que acontece também de forma contrária à razão; isto resulta claramente de seu discurso, por outro lado um tanto superficial, sobre o tema da liberdade.[274]

Na verdade, esta fuga do mecanicismo/determinismo foi conduzida de maneira paralela e em uma perspectiva análoga também por Epicuro, o qual, de forma mais simples, apresentou a teoria da declinação dos átomos de sua linha de queda vertical. Essa declinação teria acontecido sem causa[275] e motivada não por razões físicas, mas éticas:

Epicuro apresentou esta teoria porque temia que, admitindo que o átomo se mova sempre pela causa natural e necessária de seu peso, a nós não restaria liberdade alguma, já que nossa

---

273 Crísipo, SVF II 981 (1).
274 Crísipo, SVF II 981 (2), citado por Alexandre de Afrodísia.
275 Com uma óbvia suspensão da lei lógica e física que diz que do nada, nada se cria.

> *alma se moveria assim como o movimento dos átomos a obrigasse a se mover. Demócrito, o primeiro introdutor da noção do átomo, preferiu, entretanto, aceitar que tudo ocorre por necessidade, em vez de negar aos copos indivisíveis o seu movimento natural.*[276]

Nosso filósofo compreendeu bem que o determinismo tornava impossível a vida ética e anulava qualquer tentativa de dar a felicidade ao homem. As suas palavras a propósito disso não deixam dúvidas:

> E na verdade seria melhor acreditar nos mitos sobre deuses a nos tornarmos escravos daquele destino que predizem os físicos: aquele mito, de fato, oferece uma esperança com a possibilidade de aplacar os deuses com honras, enquanto no destino há uma necessidade implacável.[277]

Os estoicos, entretanto, buscaram sintetizar o determinismo com a liberdade em uma forma mais sofisticada e menos apressada do que seus colegas/concorrentes epicuristas, mas certamente mais aporética. Uma ajuda à nossa compreensão vem do fragmento SVF II 91 de Crísipo:

> Como também os estoicos pensaram bem em empenhar-se a fundo nos argumentos demonstrativos, portanto, tratemos um pouco sobre eles também [...]. A compreensão, *nos ensinam, é o assenso da representação catalética, o qual manifesta uma certa duplicidade*, porque em parte

---
276 Cícero, *De fato*, 10, 22 s. (= Usener, fr. 281, p. 200, 14ss.).
277 *Carta a Meneceu*, 133ss.

é involuntário, *em parte voluntário com sede em nosso juízo*. *A faculdade das representações não depende da vontade, porque seu estado não deriva do sujeito que sofre a representação, mas do objeto que produz a representação: e assim assume caráter de brancura se se apresenta a cor branca, de doçura se o doce lhe está diante. Todavia, dar assenso a tais movimentos diz respeito a quem recebe a representação.*

A faculdade da representação, da qual o assenso faz parte, tem, portanto, um aspecto que necessita da objetividade do dado[278] e um aspecto livre; ou seja – diz Crísipo –, pode negar a evidência, ou então não percebê-la, ou até mesmo se opor à verdade, movendo-se "no sentido contrário à razão".[279]

Agora devemos admitir a existência de um assenso errado ou faltante?

Parece exatamente que sim:

> *Parto do melhor dos princípios* [...] *o que seria o assim chamado erro. Tentarei também demonstrar com o raciocínio como todos os gregos têm o hábito de usar este termo* [...]. *Sobre o fato de que exista um* assenso *ao erro, todos estão de acordo. Alguns [os estoicos] preferem admitir o* assenso atenuado *como uma espécie intermediária entre o vício e a virtude; e tal* assenso *se definiria como aquele estado em que nós não temos ainda plena convicção de que uma certa opinião seja verdadeira, assim como é verdadeiro que temos*

---

278 Deve "assumir o caráter da brancura se se apresenta a cor branca".
279 Como se lê acima em Crísipo, SVF II 981 (2).

> *cinco dedos em cada mão – posto que se as tenha
> –, ou que dois mais dois é igual a quatro.* [...].
> *Em verdade, quando o assenso sobre aquilo que
> resulta bem e resulta mal não é confiável, o risco
> não é pequeno, e o erro é bem grave.*[280]

Esta tese tem uma validação em uma outra perspectiva de análise (a teoria das causas), quando nossos filósofos sustentam[281] que a representação não é causa suficiente do assenso.

5.2 Liberdade e necessidade em nível cosmológico

De forma sintética, podemos dizer que no interior do homem o princípio da liberdade é preservado, no sentido de que a autonomia do *logos* em relação às sensações e às representações apresenta a possibilidade do erro e do mal, e, portanto, a dispensa da necessidade.

Mas dessa forma o problema não está resolvido, simplesmente é deslocado ao nível cosmológico, em que, porém, apresenta-se agravado pela seguinte consideração. Como a filosofia da natureza nos garantiu que, na base da realidade, está o *logos* (a razão), e a lógica também nos garantiu que, na base do homem, está a própria razão (*homo sapiens*), qual o sentido de promulgar a autonomia do assenso? Como poderia

---

280 Crísipo, SVF III 172; Crísipo, SVF II 91.
281 *In:* SVF II 994: "No esforço de demonstrar que a *representação* não é causa suficiente do assenso, Crísipo afirma...".

a autonomia *do logos* se tornar autonomia *em relação ao logos*? E o princípio, como pode trair a si mesmo?

Não pode se trair, tanto é verdade que[282] a providência, assim como o destino,[283] traduz-se em uma "série perpétua de eventos, uma corrente que se desenvolve e se entrelaça através da ordem eterna da consequência, à qual é coligada e conexa".

O texto de Crísipo (SVF II 974), que citamos, coloca à prova esta questão fundamental e oferece indicações preciosas para a sua solução:

> A) *Colocadas duas doutrinas de filósofos antigos – uma sustentada por aqueles que afirmam que tudo acontece pela vontade do destino, o qual traria consigo a força da necessidade, outra por aqueles que acreditam que os movimentos do ânimo são voluntários e livres do destino –, parece-me que Crísipo, no lugar de juiz honorário, quis acertar no meio; mesmo que sua preferência esteja junto aos que querem liberar os atos psíquicos da necessidade, todavia, com seus discursos, depara com algumas dificuldades, de tal forma que, mesmo que contra a vontade, encontra-se obrigado a confirmar a existência de um destino necessário. Se estão de acordo, vejamos como isso acontece a propósito da doutrina sobre o assenso [...].*
>
> B) *Os antigos que acreditavam na onipotência do destino diziam que o assenso é forçado pela necessidade. Aqueles que discordavam tiravam o assenso do domínio do destino, porque caso*

---

282 No já citado fr. SVF II 1000 de Crísipo.
283 *Cf*. Zenão, SVF I 551; e Crísipo, SVF II 933.

contrário não seria possível não atribuir ao assenso um caráter de necessidade [...]. *Crísipo, de um lado se dissociando da teoria da necessidade e de outro querendo defender a tese de que nada acontece sem causas, distingue as causas em gêneros, de modo a fugir da necessidade e ao mesmo tempo manter o destino.*

C) *"Das causas – ele diz –, algumas são completas e principais, outras, entretanto, são cooperantes e próximas. Assim, quando dizemos que cada evento se realiza por destino segundo causas anteriores, não nos referimos a causas completas e principais, mas a causas cooperantes e próximas".* Ao raciocínio que há pouco concluí, respondia assim: *"Se tudo acontece por vontade do destino, então tudo acontece por causas anteriores, que, porém, não são causas completas e principais, mas cooperantes e próximas. Ora, será verdadeiro que estas não estão sob nosso poder, mas isso não implica que nem nosso destino esteja. Certo, se disséssemos que tudo acontece em seguida a causas completas e principais, então sim, ao fato de aquelas causas não estarem sob nosso poder seguiria: o destino também não está. Portanto, essa argumentação serve para quem apresenta o destino com o objetivo de se somar à necessidade; entretanto, a argumentação não tem efeito para aqueles que não falam de causas completas e principais".* Ele não considera difícil explicar a sua teoria do assenso por causas anteriores. Mesmo só podendo haver assenso *apenas após um objeto percebido*, todavia este último constitui uma causa próxima e não principal. O fato, portanto, recai no caso *contemplado por Crísipo, como descrevemos: ou seja, o assenso não se verifica na ausência de uma ativação externa, à medida que, para isto, é necessário que haja a precipitação do movimento por causa de um certo objeto percebido. Neste ponto, porém, nosso filósofo nos propõe novamente o mesmo exemplo do cilindro e do cone, que não poderiam começar a se mover se não fossem impulsionados. Tendo havido o impulso, ele pensa que o resto aconteça por sua natureza, o cilindro roda e o cone gira. Diz isto:*

D) Como alguém que empurrou o cilindro lhe deu certamente o impulso do movimento, mas não a capacidade de rolar, assim o objeto visto impressiona a visão e quase imprime no ânimo a sua forma, mas o assenso continua para sempre em nosso poder: exatamente como dissemos que acontece com o cilindro, o qual é sim impulsionado pelo exterior, mas depois se moverá por efeito de sua natureza. Se um evento pudesse se verificar sem uma causa antecedente, logo seria desmentida a teoria de que tudo acontece por destino; mas se é racional crer que qualquer fato é precedido por uma causa, com o que sustentaremos a teoria de que nem tudo acontece por acaso? Basta compreender a distinção e a diferença entre as causas.

Antes de tudo, o texto reportado (no ponto A) afirma explicitamente que Crísipo não é um determinista,[284] mas um "daqueles que gostariam de

---

284 Tese rebatida por Crísipo em SVF II 977: "Portanto, também Cícero em seu livro sobre O *destino* definia este tema como totalmente obscuro e difícil, e sustentava que até mesmo o filósofo Crísipo

desvencilhar os atos psíquicos da necessidade". Mas quem o obriga a isto? O *princípio de razão suficiente* (ponto *D*), o qual sustenta que nenhum evento natural se verifica sem que seja possível fornecer a causa pela qual acontece exatamente assim e não de outro modo ou em outro tempo. Na ausência deste princípio — pensam os estoicos — se cairia no ceticismo, porque tudo poderia derivar de tudo. É, portanto, um axioma irrenunciável que o nosso filósofo — exatamente enquanto filósofo e não apenas enquanto estoico — é obrigado a aceitar em todas as suas consequências, que são essencialmente três:

a) Não pode existir uma causa primeira (ou seja, não existe criação a partir do nada);
b) É impossível que algo se realize sem uma causa prévia;
c) É impossível qualquer alternativa ao estado de fato.[285]

Para não renunciar nem à liberdade (necessária à ética) nem à necessidade (indispensável à lógica e à física), Crísipo só tem uma escolha: jogar com o conceito de causa, ou seja, como diz na conclusão do fragmento SVF II 1000, "compreender a distinção e

---

não havia tido sucesso em tal ocasião. Diz exatamente assim: 'Crísipo, suando sete camisas para explicar como conciliar a onipotência do *destino* com o fato de haver algo que depende de nós, enrosca-se em um nó <de contradições> desta forma'".

285 Crísipo, SVF II 945. Como sabemos, as três posições não admitem nenhuma ordem de prioridade, hierarquia ou cronologia entre as causas e levam à assim chamada teoria do *eterno retorno*, ou seja, à repetição sempre igual do Universo, a ponto que, depois da dissolução do cosmo (*ekpurosis*) retornarão (após a *palingênese* e a *apocatastasi*) as mesmas coisas e até os mesmos homens vivendo as mesmas vidas, como se lê em Zenão, SVF I 109.

a diferença entre as causas" que não podem ser consideradas unívocas, mas pelo menos bivalentes: "Das *causas* – ele diz – algumas são completas e principais, outras, entretanto, são cooperantes e próximas".

Em uma linguagem mais moderna podemos dizer – com referencia ao ponto *C* – que algumas causas são necessárias, outras suficientes. Por exemplo, "se há fogo, há calor" exprime uma "causa suficiente",[286] mas "se há fogo, há uma explosão" exprime uma causa necessária.[287] Assim, a sensação e a representação, além dos eventos reais que as produziram, são causas necessárias/cooperantes, mas não principais, enquanto a causa perfeita ou completa consistiria no assenso. O assenso – afirma Crísipo em SVF II 974 – é afastado do determinismo do destino (nenhuma coisa o impulsiona!) e é livre "exatamente como dissemos ser o cilindro, o qual é sim impulsionado pelo exterior, mas de resto se moverá por efeito de sua natureza".

No exemplo aqui citado,[288] o lançador do cilindro no plano inclinado representa o destino, ou o princípio da necessidade no mundo. Mas apenas o cilindro[289] é devidamente estimulado pelo impulso inicial e pelo plano inclinado, *eis que rola por sua conta, ou seja, para dizer como os estoicos, em plena liberdade.*

---

286 Basta que haja esta causa para que um fenômeno aconteça.
287 Não basta que haja esta causa para que o fenômeno aconteça, é necessária também a presença do gás.
288 E mais bem desenvolvido por Aulo Gélio em SVF II 1000.
289 Que simboliza o assenso, ou seja, o órgão da liberdade do homem "que não poderia começar a se mover se não fosse impulsionado".

Ora, para considerar livre um cilindro apenas porque rola sobre um plano inclinado seria necessária uma boa dose de fantasia, a menos que se *considere a "liberdade" como o momento da realização da própria natureza, ou de obra própria.*[290]

Esta não é uma posição fútil, que pode ser descartada *a priori*, e a comparação entre a liberdade do cilindro e a liberdade do assenso (e em definitivo a do homem) não é absurda.

No experimento mencionado, os estoicos – que naturalmente não conheciam a força da gravidade – viam primeiro um objeto impulsionado por outro e depois um objeto impulsionado por si mesmo, ou, em um caso, um objeto coagido (determinado por uma causa externa) e, em outro, um objeto não coagido, e por sua vez capaz de produzir um efeito sobre si mesmo e por tal motivo autônomo, e livre de condicionamentos. Portanto, estamos na presença de uma forma de "liberdade de".

Mas o cilindro – perguntaria um interlocutor de bom senso – pode escolher não rodar, uma vez que é deixado por si mesmo?

Evidente que não. E como então se pode chamá-lo de livre?

O estoico responderia: depende novamente do conceito de liberdade. Realmente a definição mais simples (e também mais superficial) de liberdade era bem conhecida dos estoicos e, com as palavras de

---

290 Ponto *D* do fragmento 1000 supracitado: "Verificada esta, ele pensa que o resto continue por sua natureza, e o cilindro rode".

Crísipo,²⁹¹ consiste na possibilidade "de poder agir conforme o próprio desejo".

Mas o desejo – observam os nossos filósofos – nunca é imotivado, e deve encontrar pontos de partida adequados que podem ser o bem que se busca, o caráter, as atitudes, os gostos de quem deseja: ou seja, deve haver causas externas e causas internas (psicológicas).

Podemos dizer, voltando a SVF II 1000, que

> a ordem racional e necessária do destino fundamenta as causas [objetivas, ou seja, oferece os termos concretos da escolha], mas depois é a vontade individual e também o caráter natural dos animais *que tomam o controle dos impulsos que derivam de nossas decisões, de nossa mente e de nossas ações.*

E depois, também se admitindo que no momento da deliberação agissem alguns condicionamentos, uma volta que estes fossem levados à consciência²⁹² e reconhecidos como tal, seriam de fato assumidos na esfera da própria liberdade, e com isso, se possível, poderiam ser corrigidos e aceitos, ou então refutados.

Em qualquer caso, a liberdade consciente teria a última palavra.

Para tornar a questão ainda mais simples – observam os estoicos – qualquer pessoa de bom senso entende que não existe escolha sem uma certa

---

291 SVF III 355.
292 A menos que se trate de paixões, que com sua violência anulariam esta feliz condição.

forma de necessidade: de fato, poderíamos decidir livremente ir a Londres em vez de ir a Palermo, mas depois disso seríamos levados a formas de execução da escolha que são necessariamente obrigadas[293] e vinculadas a uma série de condições que não dependem de nós (e, portanto, não entram no âmbito de nossa liberdade), por exemplo, que alguém tenha construído Londres e Palermo, e que por sua vez tenha escolhido fazê-lo nas mesmas condições em que nós nos encontramos.

E então se "por minha natureza" eu sou uma pessoa que ama a luz e o clima ameno e mal suporta a chuva, serei impulsionado em direção a Palermo e não em direção a Londres. Deste ponto de vista, a liberdade do cilindro e a liberdade do assenso não são tão diversas, enquanto a ideia de que existe uma liberdade sem causa[294] é totalmente abstrata.

Mas, novamente, para voltar a um nível de concretude necessário, aqueles "filósofos que sustentam que tudo acontece pela vontade do destino, o qual teria consigo a força da necessidade",[295] como eles podem tolerar uma exceção tão gritante à sua lei universal no caso do homem e em particular do assenso, que é o princípio da liberdade?

Lembremos: o assenso é a aceitação que a alma racional concede aos dados sensíveis, dando a estes

---

293 Por exemplo, não poderemos ir a Palermo a pé, não poderemos ir a Palermo "ontem" e assim por diante.
294 Contanto que não seja necessitante, porque isto anularia a liberdade.
295 *Cf.* SVF II 974 supracitado, ponto A.

a permissão de aviarem-se no processo sucessivo do conhecimento[296] para constituir a representação catalética e, consequentemente, por meio do impulso, do desejo e do apetite,[297] a ação humana e, portanto, a ética.

Ora, é verdade que o *hegemônico* (ou seja, a parte racional da alma da qual depende o assenso) responde à razão e a razão tem suas leis que são necessárias, mas também é verdade que – como dissemos – o homem pode errar, dizendo sim ao que não é evidente e dizendo não ao que é evidente. E em tal sentido, a nós restaria sempre a possibilidade responsável de "mudar de ideia diante da razão",[298] segundo uma verdadeira e própria escolha de fundo.[299]

---

296 Sem esta "permissão", o processo do conhecimento se deteria em uma fase de *suspens*ão *de juízo* (*epoché*), como se lê em Crísipo, SVF II 121: "E então, não apenas os céticos, mas também cada um dos dogmáticos costumam suspender o juízo em certas circunstâncias, ou quando seu conhecimento é frágil, ou porque os fatos estão pouco claros, ou porque os argumentos a favor e os ao contrário se equivalem". Na verdade, os céticos, aqui chamados ao jogo, em certas circunstâncias – e particularmente o acadêmico-cético Arcesilau de Pitane –, apropriaram-se do princípio de *epoché* estoica e o tornaram absoluto. Diziam: como nada é plenamente certo e evidente, sobre tudo deve haver a suspensão do juízo. Ao que os estoicos, no citado fragmento 121, objetavam: "Se a suspensão do juízo [dos céticos] afirma que nada é certo, é claro que deve afirmá-lo em primeiro lugar sobre si: de tal forma, se autoanula".
297 *Cf*. Crísipo, SVF III 73.
298 *Cf*. também Crísipo, SVF III 476. À recusa consciente da via racional e natural, por vezes os estoicos comparavam a possibilidade de uma recusa inconsciente ligada à fraqueza do assenso (assim em Crísipo, SVF III 172), ou ao caráter inseguro da opinião que determina o assenso (Crísipo, SVF II 992), opinião essa frequentemente precária, instável e não verídica (Zenão, SVF I 60, 67) e às vezes até oposta à ciência (Zenão, SVF I 71).
299 Crísipo, SVF III 236.

> Os louvores, as reprimendas, as honras, as punições não haveriam razão de ser se a alma não tivesse a faculdade do impulso e da repulsa, e o mal fosse involuntário [...]. Como na origem dos erros está a escolha de fundo e o impulso, às vezes levam vantagens, em nós, falsas convicções; e nós não fazemos nada para nos liberarmos desta forma de ignorância e incultura, de forma que justamente deus nos pune.

Da escolha de fundo, como veremos, os estoicos fazem derivar as *paixões*[300] e das paixões, o *mal*. Isto em seu todo torna possível a liberdade de escolha. Com efeito, para Crísipo, as paixões representam o princípio negativo não apenas do ponto de vista psicológico e moral, mas também ontológico, como se deduz do seguinte texto.[301]

> A) <Na definição das paixões> os termos "irracional" ou "contra a natureza" não têm o sentido usual. Em particular, "irracional" significa "que não segue a razão". Cada paixão implica um aspecto de coerção; assim frequentemente acontece que quem é presa da paixão, mesmo vendo que aquela dada ação não faz bem, vencido por um excessivo ardor, como um cavalo não domado, seja constrito a cumpri-la.

---

300 Se as paixões são o efeito da escolha de fundo, não necessariamente devem ser más e contra a razão, mas apenas quando a escolha o for. Porém, quando a escolha for boa, as paixões que a seguem serão boas. Por isso os nossos filósofos admitiam as paixões positivas (*eupatheiai*), que não eram o anulamento do ardor passional (*apatheia*), mas consistiam na alegria, na boa vontade e na prudência (Crísipo, *in*: SVF III 439 e 431).
301 Crísipo, SVF III 389.

> *Por isto aqueles como ele se encontram dando razão à conhecida frase: "Mesmo tendo cognição, a natureza me constringe", em que "cognição" significa conhecimento e consciência das ações certas. A expressão "contra a natureza" na definição das paixões significa algo que vai contra a reta razão natural.*
>
> *B) Todos os que são levados pelas paixões desviam da razão, não como quem cai em erro, mas de uma forma particular. Por exemplo, se alguém se engana sobre o princípio da indivisibilidade dos princípios, mostrando-lhe que as coisas não são como ele diz, mudará o juízo; em vez disso, aqueles que são vítimas das paixões, mesmo que se faz com que entendam que devem mudar de ideia, e portanto que não se deve sentir dor, ou ter medo, em resumo, que não se deve deixar levar pelas paixões da alma, todavia não se afastam delas, mas se deixam arrastar até que se submetam à sua tirania.*

Enquanto isso, já no nível individual as paixões[302] não são simples erros, mas erros que "implicam um aspecto de coerção", porque uma vez ativadas tiram do homem a liberdade de escolha (ponto *B* do fragmento SVF II 947, supracitado). E como em sua maior parte são contra a razão e contra a natureza (ponto *A* do fragmento SVF II 947), ou seja,

---

302 Que se reduzem a quatro fundamentais (Crísipo, SVF III 378): "Desejo, medo, dor e prazer. *Desejo* e *medo* são formas de antecipação: um em relação a algo que parece um bem, e o outro em relação a algo que parece um mal. Depois, há *prazer* e *dor*: um se tem quando realizamos um desejo nosso e fugimos de algo que temíamos, o outro quando não conseguimos realizar um desejo ou caímos em algo que temíamos".

antagonistas aos próprios princípios da realidade, inserem nela uma alternativa fundamental.

Tais paixões, por assim dizer, exprimem uma *não-natureza* e uma *não-razão* paralela àquela "boa", e também da mesma forma necessitante, tanto é verdade que não deixam escolha[303] a quem as sofre, tirando-lhe a liberdade de "retirar-se delas", e constringindo-o "a submeter-se à sua tirania", sem a possibilidade de "mudar de juízo".[304]

Disto segue a impossibilidade da *metriopatia* típica dos aristotélicos,[305] ou seja, a busca de um freio e de uma moderação das paixões, porque a força de envolvimento que exercem não o permitiria e também porque, sendo de alguma forma erros, não poderiam ser atenuados, mas apenas radicalmente corrigidos, ou seja, cancelados. Crísipo sustenta que existem três modos para fazê-lo:

> Frequentemente se pergunta se é suficiente ter paixões moderadas, ou se não se deve ter nenhuma paixão: os nossos eliminam completamente as paixões, os peripatéticos se satisfazem com moderá-las.[306]

---

303 Como a natureza não deixa escolha aos eventos naturais, ligando-os na corrente das causas.
304 Por isso o tolo sempre age de forma errada (Zenão, SVF I 216) e se comporta como louco (Crísipo, SVF III 664), porque a paixão lhe anula todo o relacionamento com a razão e lhe bloqueia a via de retorno a ela, como se lê no fragmento citado SVF III 389.
305 *Cf.*, em particular, Aristóteles, *A grande ética*, 1186 a33. No lugar da *metriopatia* os estoicos propõem a *apatia*, ou seja, a anulação das paixões: como diz Crísipo em SVF III 201: "Deve-se saber que mesmo antes dos estoicos havia uma filosofia que colocava as virtudes na impassibilidade".
306 Crísipo, SVF III 443.

> *Há três modos para curar certas atitudes mentais, assim como há três modos para curar cada paixão: a cognição da causa, a cognição do modo de removê-la e, como terceiro, o exercício da alma e o treinamento para realizar as justas resoluções [...] Depois que alguém violou a razão [...] à fraqueza que segue uma representação repentina é necessário responder prontamente com representações racionais; se então o sujeito é novamente vítima do hábito anterior [...], é necessário tolhê-lo completamente e treinar a alma a se defender desse. Se então acontece de alguns se deixarem levar por princípios contraditórios, é preciso eliminá-los.*[307]

A existência das paixões não implica, para nossos filósofos, a existência de um princípio oposto ou diferente do *logos* e da natureza, mas simplesmente comporta, no caso do homem, a faculdade de recusar conscientemente[308] o único princípio que existe, o do *logos*.

A tal propósito, Crísipo observa:

> *Não é que no caso das paixões o homem aja cometendo erros ou ignorando a razão em algum ponto, mas no pleno desprezo e na plena distorção da razão.*[309]

---

307 Crísipo, SVF III 490.
308 "As paixões são juízos verdadeiros e próprios" – como se lê em Crísipo, SVF III 461 –, ou impulsos conseguintes aos juízos, como em Crísipo, SVF III 378: "Os estoicos definem as paixões como um impulso excessivo". Seja como for, como já se dizia, a recusa do *logos* cria uma espécie de mundo paralelo: o mundo do não-*logos* inerente ao homem e à sua interioridade.
309 Crísipo, SVF III 476 (2).

> *Portanto, não é equivocada a afirmação de alguns de que a paixão da alma seja um movimento contrário à natureza, como acontece nos ataques de medo, de desejo e similares. De fato, todos esses movimentos e essas atitudes são intolerantes à razão e a ela adversos. Por isto dizemos que estes se movem "de forma irracional", não como se fossem incorretos no argumento – no sentido de se comportarem de forma contrária à racionalidade –, mas no sentido de não encarar a razão.*[310]

Neste ponto, chegamos ao fundo da questão, e para colocarmos mais dificuldades a nosso interlocutor estoico, podemos perguntar, em primeiro lugar, do que depende,[311] no sentido último, a possibilidade de erro do homem, se tudo o que existe é dominado pelo *logos*. Para dizer a verdade, a resposta não foi fácil nem para o sofisticado Crísipo, o qual, no juízo de Galeno, parece ter tido muitas incertezas a propósito:[312]

> *Portanto, não apenas os outros estoicos, mas o próprio Crísipo, na obra* As paixões, *não se ancora em posicionamentos estáveis, mas vacila como em uma tempestade. De fato,* a) *às vezes sustenta que as paixões se verificam também em completa ausência de razão,* b) *às vezes que se referem apenas à faculdade racional, tanto que não se encontram nos seres privados de razão;* c) *outras vezes diz que nascem independentemente do juízo,* d) *e outras ainda que são*

---
310 Crísipo, SVF III 476 (1).
311 Ou, se quisermos, "que coisa é a causa de...".
312 Crísipo, SVF III 476 (3).

<elas mesmas> juízos. e) Às vezes diz também que os movimentos passionais acontecem quando acontecem, ou seja, se vamos nos aprofundar, em ausência de causa.

Aos textos citados, complementa o seguinte: "Está incluído no gênero das paixões também a perturbação que se segue à excitação e à agitação de quando acontece".

Os cinco posicionamentos podem ser reduzidos a três:

1. as paixões se produzem apenas em presença da razão, tanto é verdadeiro que as crianças e os animais não as têm;
2. as paixões são resultado da atenuação ou mesmo da cessação da razão;
3. as paixões são acidentais, acontecem quando acontecem e não têm causa. Esses três posicionamentos podem ser condensados nesta reflexão. Se a paixão – como observamos anteriormente – é o resultado de uma escolha voluntária de fundo, então não é um erro do *logos*,[313] mas deve ser uma rejeição consciente da razão,[314] que *por sua vez não pode ter uma razão*, ou então se desmentiria no próprio momento em que se propõe.[315]

---

313 Tenhamos em mente que tal escolha seria realizada pelo hegemônico, que é uma expressão do *logos*, não apenas daquele individual, mas também daquele cósmico. Portanto, a ideia de que o hegemônico escolhe a paixão implicaria uma contradição em termos, como se fosse uma contraverdade".
314 E para fazê-lo precisa da faculdade racional (hegemônico), mesmo que mal orientada.
315 Neste sentido, o princípio da razão suficiente não pode ser

Mas uma coisa é certa: mesmo que nenhum antigo estoico, até onde sabemos, tenha jamais admitido explicitamente, *toda a sua argumentação se baseia na admissão de que o homem é princípio a si mesmo e foge, em certos aspectos, à lei da natureza.*

Todavia, a admissão desta extraordinária condição humana arrisca esmagar todo o sistema da física estoica que, como bem sabemos, é determinista. E isso, sobretudo, por dois motivos:

a) em primeiro lugar, porque o homem é um princípio de ação e os seus atos interagem com a corrente das causas a partir de uma posição de estranheza;
b) em segundo lugar, porque o homem pode errar e, portanto, colocar obstáculos – e até mesmo se opor[316] – à ação da Providência.

Este problema era bem presente também aos antigos estoicos:

> *Cada um dos seres tem um algo que é sujeito ao destino: por exemplo, a água tem o destino de ser fria e qualquer planta o de dar um dado fruto, a*

---

aplicado à escolha de fundo, mas apenas à correta explicação do mundo natural.

316 Como acontece no poeta estoico romano Lucano. Em sua obra *Pharsalia*, Lucano não dá mais como certa a *evolução positiva da história* (a sua providencialidade), mas reconhece que a *victrix causa* frequentemente não corresponde exatamente à causa justa e, portanto, a história pode seguir contra a razão e contra a natureza. Nesta perspectiva o sábio, representado por Catão, é ele que tem a coragem de escolher, deliberadamente, a causa já frustrada no começo, pelo único motivo de ser justa. Desta forma, ele, em última análise, demonstra-se contrário e superior ao Destino e até mesmo ao próprio *logos*.

pedra tem o movimento em direção para baixo, e o fogo, em direção ao alto: da mesma forma, o ser vivente tem o assenso e o impulso. Bem, quanto ao impulso não se opõe nenhum evento externo ou imposto pelo destino, então <por exemplo> somos completamente livres para caminhar e certamente caminharemos. Ora, aqueles que afirmam, à luz disto, que o princípio de liberdade ou o princípio do destino podem ser mantidos são os estoicos Crísipo e Filopator e muitos outros ilustres: mas eles não fazem nada além de demonstrar que tudo acontece pelo destino. De fato, como sustentam que os impulsos nos são dados pelo destino, e que também pelo destino podem ser impedidos ou não, então é evidente que tudo seja predestinado, inclusive aquilo que parece depender de nós.[317]

Portanto, no primeiro livro de O destino *serve-se destes argumentos. No segundo livro, entretanto, busca-se resolver aquelas consequências claramente absurdas derivadas da tese de que tudo é necessário, consequências que apresentamos já no início: por exemplo, o fato de que um tal princípio exclui nossa livre vontade e por consequência as reprimendas e os louvores, as exortações e tudo o que tenha a ver com a nossa capacidade de ser causa. No segundo livro, diz assim: "É óbvio que muitas coisas estão em nosso poder, mas, todavia, são submetidas, por vontade do destino, ao ordenamento do todo".*[318]

---

317 Crísipo, SVF II 991.
318 Crísipo, SVF II 998 (1).

Este ponto é ainda mais bem expresso pela famosa doutrina dos *confatalia*, ou seja, dos atos humanos que estão envolvidos na realização do destino.

Cícero observa, ao relatar o pensamento dos estoicos:[319] Se é destino que Sócrates morra naquele certo dia, Sócrates morrerá naquele dia e na hora preestabelecida, querendo ele ou não. Mas se é destino que Édipo nasça de Laio, não poderemos dizer "queira Laio deitar com uma mulher ou não", porque aqui se trata de "fatos conexos", ou, como diz Cícero com um termo que se tornou técnico, de *confatalia*.

É evidente que nos encontramos na presença de um caso que vem da relação entre necessidade e liberdade, porque se Laio é livre (ou seja, pode não se deitar com uma mulher), a providência não é soberana, e o curso da história, ao menos em uma parte, depende de um homem e não da corrente das causas pregressas. Se, ao contrário, o futuro é predeterminado (ou seja, se a trágica história de Édipo deve ser realizada), Laio não tem escolha, e, queira ou não, o passado determina que aja conforme a *pronoia* (Providência) fixou desde sempre.

Laio não será um caso isolado, porque a humanidade inteira se encontra nestas condições: e

---

319 *In:* SVF II 956. Aqui Cícero se refere à história de Édipo e de sua família. Na tragédia de Sófocles *Édipo rei*, Édipo e seu pai, Laio, e sua mãe, Jocasta, se encontram envolvidos em uma situação dramática já prevista pelos oráculos, na qual cada personagem se apresenta como vítima inculpável de um destino que, na visão do poeta, nada tem de racional.

agora, para que serve a ética, se ninguém tem a possibilidade de evitar o mal que cumprirá, ou será constrito a cumprir o bem que cumprirá? Todavia, o aspecto mais significativo deste argumento não está em sua exemplaridade, mas no fato de que a filosofia estoica, ao formulá-lo, sentiu a necessidade de catalogar a história de Laio e de Édipo e todas aquelas análogas a ela *não na categoria de fatalia* (ou seja, dos fatos determinados diretamente pelo destino), mas naquela de *confatalia*, ou seja, dos fatos conectados ao destino, quase como indicando a existência de duas classes de eventos distintos: uns atribuíveis à esfera humana e outros ao "mundo", em sua totalidade.[320]

E com efeito é exatamente assim: os nossos filósofos não deixaram jamais de acreditar que "o destino rege cada evento, o qual, uma vez fixado, não há deus que o possa mudar",[321] apenas que *a corrente fatal das causas pode englobar em sua série também eventos que tenham sido escolhidos livremente*, porque a convicção de que o destino já tivesse conhecimento do comportamento de Laio – e, portanto, a previsibilidade do seu ato[322] – não significa para os estoicos

---

320 Assumimos teses expressas e desenvolvidas no artigo "La felicità necessaria negli stoici", que está na *Rivista rosminiana di filosofia e di cultura*.
321 Crísipo, SVF II 924.
322 *Cf.* Crísipo, SVF II 1136 (2): A natureza [...] *conhece antes e prevê as coisas que se seguirão* necessariamente, como efeitos de causas, e, portanto, se apressa a corrigi-las". Neste sentido (SVF II 113) "sabe sempre tornar positivo também aquilo que é negativo".

que este fosse constrito a cumpri-lo. Assim se lê no fragmento SVF II 960 que exprime o ponto de vista de Crísipo:

> Os estoicos sustentam que aquilo que é predestinado, enquanto inescapável, não por isto acontece segundo necessidade, porque para esses eventos é possível que aconteça também o contrário.

Mas aquilo que vale para o Destino pode valer também para a Providência?

É verdade que para os nossos filósofos um corresponde ao outro,[323] mas é também verdade que a Providência implica uma vontade de bem, enquanto o destino não.

E se o gesto de Laio tivesse sido inspirado por maldade, a Providência poderia tê-lo aceitado, inserindo-o em seu projeto, ou não, deveria tê-lo excluído desde o começo?

Estamos lidando com o *problema do mal*, ao qual os estoicos estranhamente concordavam entre si e, mesmo reconhecendo a possibilidade de erros de natureza,[324] mantinham que:

1. O mal é uma consequência necessária do bem e a sua existência é ligada à existência do bem:

   > Aqueles que não compartilham a ideia de que o mundo foi feito para deus e para os homens, e que a providência é soberana nas histórias

---
323 Leia-se, por exemplo, Zenão, SVF I 176 (1) e Crísipo, SVF II 933.
324 "Insucessos" da natureza como em Crísipo, SVF II 1170.

humanas, sustentam poder colocar um argumento de peso quando dizem: "Se na verdade existisse a providência, não haveria o mal". Afirmam de fato que nada é mais contrário à providência do que a grande massa de males e sofrimentos presente em um mundo que se quer ser constituído para o homem. Mas contra eles está Crísipo, que no quarto livro de A providência *sustenta: "Certamente ninguém é mais tolo do que quem pensa que possam existir os bens se também não existirem os males. Como os bens são contrários aos males, necessariamente devem existir os bens e os males, em oposição recíproca, e podem subsistir apenas graças a um esforço, ousaria dizer, ao mesmo tempo mútuo e contrário. Em que condições a justiça teria sentido, se não houvesse a injustiça? A justiça não é, talvez, uma remoção da injustiça? Como se reconheceria a coragem, se não o colocando em confronto com a covardia? E de qual modo a temperança, se não em relação à intemperança? Como poderia haver a sapiência se não na luta contra o seu contrário? E então – completa – por que estes ignorantes não pretendem também que exista a verdade sem a mentira? Bem e mal, sorte e azar, prazer e dor estão sempre juntos. Um é ligado ao outro, tendo os vértices entre seus contrários: tirado um, o outro também será tirado".*[325]

2. O mal tem utilidade, por exemplo, como punição e correção, e, portanto, é julgado em relação ao todo:

---

325 Crísipo, SVF II 1169.

> *Pensa que deus persegue a maldade e se empenhe a fundo na punição dos maldosos. Nesse sentido, no segundo livro do tratado* Os deuses *afirma: "Às vezes também aos bons acontecem males, mas não como para os tolos com fins punitivos, mas segundo uma outra lógica, aquela que vige na cidade". Nas mesmas passagens, complementa: "Antes de tudo, os males são compreendidos como se disse antes; além disso são designados por Zeus segundo a razão ou para punir ou em função da economia universal".*[326]

3. Nem tudo o que parece mal o é verdadeiramente, sobretudo quando se trata de episódios particulares:

> *Alguns dos atos da providência que envolve todo o Universo revelam imediatamente o seu caráter providencial, outros, entretanto, são tão escondidos que oferecem a oportunidade à desconfiança da arte inefável e do poder de deus que governa todas as coisas. Nos eventos terrestres, a razão implícita no plano providencial não é tão evidente como <na esfera> do sol, da lua e dos astros; e assim também no nível das vidas humanas está menos clara que no âmbito dos corpos dos animais: isto resulta como certo para aqueles que se ocupam de encontrar o fim e o objetivo dos impulsos e das representações, as naturezas dos animais e a constituição dos corpos.*[327]

Em resumo, no juízo de nossos filósofos, *a ação do homem não conflita com a Providência porque o bem*

---

326 Crísipo, SVF II 1176.
327 Crísipo, SVF II 1185.

que esta persegue é de caráter universal, enquanto o mal que o homem cumpre é de caráter individual, e assim tanto um quanto o outro agem em níveis diferentes.

Mas há uma linha posterior de solução ao problema colocado, ainda mais relevante. Esta tem origem na constatação de que o vértice da ação moral, ou seja, a ação reta, não é determinado por seus efeitos, ou seja, dos fatos que produz, mas – como notamos anteriormente – das intenções de quem a cumpre. Em consequência disto, para os estoicos *não deveriam existir ações maldosas ou virtuosas, mas apenas intenções maldosas ou virtuosas.*[328] Desse modo, *a livre iniciativa dos homens não é direcionada a mudar a sorte do mundo, nem a da história, mas vice-versa: a adaptar a si mesma e à própria consciência ao mundo e à história.*

Em palavras simples, este é um modo – já ilustrado – *para comprimir a moral na interioridade do homem*, identificando a felicidade com a virtude,[329] e transformando aquilo que em concordância os filósofos consideravam *um instrumento para alcançar a felicidade – ou seja, a* verdade *– em um instrumento apto a produzi-la.* A interiorização da ética resulta, no fim das coisas, em *uma extraordinária via de fuga do determinismo*, a qual, paradoxalmente, começa exatamente no meio dele.

---

328 Sêneca admoesta, em *A constância do sábio*, 7, 3-4: O sujeito pode se tornar malfeitor mesmo sem ter infligido mal!"e "todos os delitos, mesmo antes da execução material, são já completos nos elementos constitutivos de culpa".
329 Crísipo, SVF III 685: "A virtude se basta para os fins da felicidade".

6. O sábio (*sofos*)

O longo confronto entre liberdade e necessidade, que atravessou tanto a física quanto a antropologia, pode ser considerado em alguma medida o *Leitmotiv* da moral estoica que, no fim, fundava-se programaticamente sobre ciências precedentes, cada uma delas levando à moral uma contribuição sua determinante. A física levava o modelo do organismo vital, que, enquanto realização máxima da natureza, sugeria uma relação causal particularmente estreita entre as partes que o compõem, podemos dizer *onilateral* e não *unilateral*. Por exemplo, se eu pensasse em um taco de bilhar no ato de atingir uma bola que, por sua vez, atinge outra, obteria uma série causal unilateral (uma só causa com uma só série de efeitos do mesmo tipo em sequência); mas se eu pensasse em um corpo humano, deveria imaginar que cada órgão influencia e é influenciado por outro, e que o mau funcionamento de um (por exemplo, do coração) colocaria em sofrimento os outros (por exemplo, os pulmões, que por sua vez danificam o sangue e, portanto, por último, o próprio coração).

Esse sistema simpatético insere na moral aquela forma de *necessitarismo*,[330] que, se é perigoso para a liberdade humana, é, entretanto, consolador para os destinos do homem, porque assegura a todos êxitos positivos e providenciais.

---

330 Que anteriormente apresentamos como um tipo de determinismo forte.

Em vez disso, a lógica com a teoria dos incorpóreos parece romper o caráter monolítico da física,[331] porque introduz a dimensão dos significados exprimíveis, que não entra nesta simpatia universal. E se a mesma forma de organicismo própria da física se encontra em roupagem ética na *homologia* (ou seja, na coerência interior da vida moral), nós encontramos a cisão da lógica na antropologia, no *assenso*, o qual, em sua faculdade de dizer sim ou não à verdade e à razão, é exatamente sem causa, ou seja, livre da necessidade do mundo. Dessa forma, o homem estaria alienado em relação ao mundo, porém não enquanto nele se insere, a partir do exterior, para modificá-lo (apenas o destino e a providência determinam o mundo), mas enquanto *o julga a partir do exterior*: no sentido de que o aceita ou não o aceita.

Todavia, a corrente de causas (a *heimarmene*) pode acolher entre seus elos também causas livres, porque as conhece antecipadamente, também em seus efeitos. Segundo Crísipo (SVF II 960), isso significa que, se globalmente a série fatal dos eventos é necessária, nenhum dos eventos individuais pode sê-lo, porque o seu contrário não teria sido impossível. Por isso, segundo Aécio,

> *os estoicos [...] teriam reconhecido que a necessidade é uma causa cogente e inevitável, e que o destino é uma corrente ordenada de causas, em que porém têm lugar também causas que dependem de nós. De tal forma, há*

---

331 Por exemplo, pelo seu monismo, panteísmo, hilozoísmo.

> *eventos que são dominados pelo destino, e outros que não.*[332]

Certo, quanto mais o sujeito se deixa envolver e se identificar com as circunstâncias em que opera, com os condicionamentos que sofre, com os limites de sua fisicidade – em resumo, quanto mais uma pessoa se fecha em sua individualidade –, tanto mais se encontra envolvido na corrente dos eventos, sem saída.

Mas se consegue superar este seu particularismo, e se afasta da condição contingente em qual é, sai do meio da corrente dos eventos, e em certo sentido é como se voltasse ao seu início: ao início do *logos* universal. Porque o *logos que determina a necessidade de todos os eventos não é, ele mesmo, necessitado, mas é absolutamente livre* pelo motivo de que encontra diante de si, à sua disposição, todas as possíveis escolhas e nenhum obstáculo. Estas, porém, uma vez realizadas pela sua ação, tornam-se necessárias, e assim o *logos*, diz Sêneca de forma espetacular, "obedece sempre, depois de ter comandado de uma vez por todas".[333] E ao atuar nos eventos particulares da história, sua necessidade cresce, "mas não é por isso que ele, o *logos*, seja menos livre e tenha menos poder, porque é ele mesmo a necessidade que o vincula".[334] Aquilo que se toma comumente por um opressivo e sufocante mecanicismo nada mais é do que o *fazer-se de Deus*.[335]

---

332 Segundo Crísipo, SVF II 976.
333 *A providência*, 5, 8.
334 *Cf. Questioni naturali*, I pref. 1, 3 (tradução italiana de. M. Natali): ou seja, o *logos* responde a si mesmo.
335 Sêneca, *Consolação a Márcia* 26, 6-7, literalmente: *deus ipse se fecit*.

Na medida em que o homem se aproxima ou se assemelha ao *logos*, de alguma forma deixa para trás o seu isolamento e com o tempo retorna, elo a elo, à corrente dos necessários em direção das escolhas iniciais e universais do *logos*, em que a liberdade tendia ao absoluto.

A "escalada" ao *logos* se traduz, em última análise, na aceitação de sua vontade, em que se cria um tipo de passagem bidirecional entre o livre e o necessário: existe uma necessidade que é mantida livre assim que é aceita pela nossa consciência (por meio do assenso) e existe também uma liberdade que é mantida necessária assim que se insere na corrente das causas. Esta célebre metáfora de Crísipo e Zenão explica o conceito:

> Crísipo e Zenão demonstravam a tese de que tudo acontece segundo o destino recorrendo a este exemplo. Se um cão é atado a um veículo, se o cão quer segui-lo, por um tempo o segue e é arrastado, cumprindo assim um ato de liberdade autônoma e também conforme a necessidade. Se, porém, se recusa a segui-lo, é arrastado e basta. O mesmo vale para os homens: mesmo quando não quisessem seguir, chegariam de qualquer forma lá onde é o seu destino.[336]

Mas é evidente que tal compatibilidade entre o livre e o necessário é tão menos relevante quanto mais se distancia do universal, porque é apenas

---

336 Crísipo, SVF II 975.

no *logos*-princípio que a liberdade se transforma *em necessidade*: no indivíduo isso normalmente não acontece, a menos que o indivíduo se assemelhe ao *logos* e, portanto, se torne sábio (*sofos*). Porque o sábio assume sobre si a vontade do *logos*, ou seja, quer o que a Providência quer, tudo o que ele desejar, ele realiza: e, portanto, é absolutamente livre.

> *Tudo o que o sábio quer fazer, ele consegue; os tolos, entretanto, mesmo querendo coisas impossíveis, obstinam-se a fazê-las. Assim, fatalmente, o sábio é livre, porque aquilo que quer, acontece; o tolo é servo porque vai querer fazer exatamente aquilo que não vai acontecer. É preciso, portanto, concluir que a liberdade é a ciência das coisas lícitas e daquelas proibidas, enquanto a servidão se reduz à ignorância daquilo que se pode ou não se pode fazer.*[337]

> *É justo também dizer que [...] o homem é o único homem* livre *que não conhece inferioridade ou sujeição à paixão; e então invencível, porque, mesmo que o corpo o aprisione, aquelas correntes nada podem sobre o espírito.*[338]

Note-se: o fato de que o sábio consiga tudo aquilo que faz não depende de ter uma potência infinita, mas de querer apenas as coisas que lhe acontecem, ou seja, as "coisas lícitas" que o destino decidiu para ele. Isso não é passividade e inércia,[339] mas

---
337 Crísipo, SVF III 356.
338 Crísipo, SVF III 591.
339 A inércia seria aquilo que caracteriza o tolo, que não conhece o projeto do destino e não se empenha a obedecê-lo.

o exercício de uma ciência que ensina a não querer coisas impossíveis ou desmesuradas e, sobretudo, a "tirar sempre proveito das experiências da vida",[340] a compreender os eventos e os acontecimentos da própria existência não em sua contingência, mas de perspectivas sempre mais elevadas, como Sêneca admiravelmente soube expressar:[341]

> *Fugiste de muitos males, mas ainda não de ti mesmo. De fato, aquela virtude a que aspiramos é magnífica não porque o fato de sermos liberados do mal nos torne, em si, felizes, mas porque acalma a tensão da alma, a prepara ao conhecimento das coisas celestes e a torna digna de fazer parte da vida divina. A alma alcança o bem pleno e perfeito da condição humana quando, superado cada mal, volta-se ao alto e penetra no seio mais profundo da natureza. Então, enquanto vaga em meio aos astros, delicia-se ao rir dos pavimentos dos ricos e de toda a terra com seu ouro. Não pode desprezar pórticos e tetos e painéis resplandescentes de marfim e jardins podados com cuidado e cursos d'água desviados para chegar às mansões, antes de percorrer todo o Universo e dizer, olhando do alto o mundo estreito e coberto em grande parte pelo mar, com*

Essa atitude é bem representada por Crísipo, SVF II 957 no assim chamado "raciocínio da inércia". Ei-lo: "Se é destino que tu te recuperes da doença, te recuperarás, indo ou não ao médico. Mas se é destino que não te recuperes da doença, não te recuperarás, indo ou não ao médico. Em resumo, ou é destino que tu te recuperes da doença, ou é destino que tu não te recuperes, e em um caso ou em outro é inútil ir ao médico".
340 Crísipo, SVF III 567 (2).
341 *Questioni naturali*, I pref. 6-8 (tradução italiana de M. Natali). NT: *Questões naturais*, em português.

> *vastas regiões desoladas até nas terras emersas e com zonas queimadas ou geladas: "É apenas isto aqui aquele ponto dividido a ferro e a fogo entre tantos povos? Oh, como são ridículos os limites colocados pelos homens!"*

A *ciência da liberdade*, fazendo-nos ver as coisas do alto, anula a dramaticidade dos eventos, assegura uma extraordinária serenidade típica de quem, aconteça qualquer coisa, sente-se enfim em segurança e assiste impassível aos fatos de sua vida[342] e da vida do mundo, enquanto estes se desenvolvem necessariamente da melhor forma possível.

> *Em quem é impassível não há espaço para o luto; ora, qualquer forma de sabedoria e de virtude é impassível. Entretanto, a dor não faltará naqueles que, mesmo podendo ter algo, de fato não o têm. Na verdade, devemos voltar toda a nossa atenção ao que salvaguarda o sábio do luto e do pranto.*[343]

E então, nestas condições, como poderia ser infeliz aquele que "nada faz ou sofre por constrição" e a quem não acontece nada além daquilo que quer?

> *O sábio é grande, imponente, alto e forte. Grande porque consegue colocar em ação as suas escolhas e realizar suas intenções; imponente porque cresceu em todos os aspectos; alto porque possui aquela grandeza típica do*

---
342 Crísipo, SVF III 574: "Dizia Crísipo que o sábio [...], mesmo tendo necessidade, não espera nada".
343 Crísipo, SVF III 571.

homem nobre e sapiente; forte porque é dotado de uma força especial que o torna invencível e insuperável. Por isso ele não causa nem se submete a contrição, nem impedimento, nem violência, nem sujeição, nem faz dano, nem sofre dano, nem arrasta os outros ao mal nem se deixa arrastar; não engana nem é enganado, não diz mentiras, não há nada que não conheça ou nada que lhe fuja, é totalmente alheio a mentira. Está no ápice da felicidade e da boa sorte, da beatitude, da riqueza, da piedade e da religiosidade, da estima.[344]

Podemos, por isso, concluir que a felicidade absoluta para os estoicos pode realmente existir, mas que esta é atingível apenas após um ato (ou um processo) de completa *universalização de si*.

É necessário ressaltar que a experiência ligada a esse processo era bem comum entre os filósofos gregos, como bem ilustra P. Hadot:[345]

Para os filósofos antigos, o olhar do alto é um exercício de imaginação com que se representa a visão das coisas de um ponto elevado, alcançado elevando-se da terra, frequentemente, graças a um voo do espírito no cosmo. Existe abundante literatura antiga que se refere a esta metáfora. [...] O olhar do alto corresponde, portanto, a um desraizamento que libera da gravidade terrena, acompanhado frequentemente de uma visão crítica voltada

---

344 Crísipo, SVF III 567 (1).
345 Hadot, P. *Ricordati di vivere. Goethe e la tradizione degli esercizi spirituali*. Milão: Raffaello Cortina, 2009, p. 58ss.

> à mesquinharia e ao ridículo do que apaixona
> a maior parte dos homens.[346]

Mas a novidade e o valor dos estoicos estão em ter dado consistência filosófica a esta experiência a tal ponto que não é mais "um exercício da imaginação", lábil e incomum, mas um caminho do todo compatível com a ordem do Universo, e com a especificidade do homem que, na figura do sábio, exprime firmemente esta particular sublimação.[347]

Quando o homem se *transforma em sábio*, dizia-se, há um processo irreversível[348] que não admite retorno (nunca mais ele retornará homem!), sinal de uma transformação profunda pela qual o *sofos* não se compreende apenas como expressão *de uma categoria ética, mas sim de um modo diverso e superior de ser homem*, tanto é verdade que em certo sentido se

---

346 Assim também em Marco Aurélio, *Pensieri*, VII, 48; IX, 30; XII, 24, 3: "E falando dos homens é preciso também observar as coisas terrenas como de um lugar elevado se olha para baixo: multidões, exércitos, trabalhos no campo, casamentos, divórcios, nascimentos, mortes, clamor de tribunais, terras desertas, vários povos bárbaros, festas, lutos, mercados, grandes misturas e harmonia dos opostos [...]. Observa, do alto: rebanhos incontáveis, infinitas cerimônias, todo tipo de navegação entre tempestades e bonanças, múltiplas diversidades de seres que nascem, vivem, desaparecem [...]. Se, transportado repentinamente ao alto, olhasse as coisas humanas e delas considerasse a verdade, as desprezaria, vendo ao mesmo tempo como é vasto o espaço habitado pelos seres celestes" (tradução italiana de C. Cassanmagnago para a Bompiani). NT: Em português, a obra se chama *Meditações*.
347 Poderia-se dizer, retomando as palavras de Hadot, que, elevando-se da terra graças a um voo do espírito no cosmo, o sábio não mais retorna.
348 No sentido de que o homem não erra mais, ou melhor, não erra *nunca mais*; *cf.* Crísipo, SVF II 131 (6).

identifica totalmente com a lei,[349] ou então se coloca além e acima da moral:

> Ao perfeito (ou seja, ao sapiente) [...] não é necessário nem comandar, nem proibir, *nem fazer exortações, porque não há necessidade alguma disso*. No caso do tolo, entretanto, é obrigatório o comando ou a proibição, e, para o homem ainda inexperiente, a exortação e o ensinamento. Da mesma forma, o experiente músico ou gramático não tem necessidade de nenhum preceito pertinente às próprias artes. Quem, entretanto, está sujeito a erros sobre questões essenciais necessita, por assim dizer, de algumas leis que contenham ordens e proibições. <Enfim>, aquele que está começando precisa de ensinamento.[350]

Podemos com isto concluir que o sábio é o resultado de um ato (ou de um processo) de completa *universalização de si*, graças ao qual não será aquilo que o homem é às vezes e em casos raros, mas aquilo em que deveria definitivamente se transformar.

Nesse sentido, para voltar ao início do discurso moral, a liberdade do assenso que se realiza plenamente no sábio não se coloca *na* natureza humana, mas em um certo sentido vem *depois* da natureza humana, porque *é o contínuo querermo-nos livres o que, no fim, nos leva, a nós homens, a sermos livres*. Assim dizia Epíteto: "Se quiseres, serás livre", mas não dizia

---

349 A lei é : "a um só tempo a mente e o critério do sábio". Crísipo, SVF III 315.
350 Crísipo, SVF III 519.

o contrário: "És livre, portanto queres". De fato, a liberdade, como já sabemos, é uma conquista (uma ciência, dizia-se), e não um dado.

É certo, entretanto, que antes de a natureza produzir a razão humana, e antes de fazer nascer no homem "o perfeito racional",[351] na realidade não havia nem liberdade nem felicidade, exceto aquela que chamamos de "a liberdade do cilindro".

Eis por que os nossos filósofos podiam também colocar em dúvida a existência histórica do sábio, e até mesmo excluir a si mesmos do grupo dos sábios:[352] de uma forma ou de outra, a Providência na hora devida criaria um!

---

351 Ou seja, o sábio (*sofos*), em que o *logos* individual e o *logos* universal finalmente se sintetizam.
352 Diógenes de Babilônia, SVF III 32: "Até hoje não se conseguiu encontrar um sábio como eles dizem e Crísipo, SVF III 657: "Para os estoicos, mesmo Zenão, Cleantes e Crísipo, e todos os outros expoentes da escola, estão incluídos entre os tolos".

Segunda parte:
Estoicismo médio

I.
Panécio de Rodes

Não há duvida de que, além de aos conteúdos de pensamento e aos argumentos filosóficos, os estoicos se dedicaram muito à definição da imagem do homem estoico, à decisão sobre qual aspecto ele deveria ter para manifestar nos gestos, nas atitudes e até em toda a sua figura a força moral que simbolizava. Assim, explicam-se os testemunhos como aqueles relatados por Estobeu e Cícero:

> O sábio é também cortês, compreendendo a cortesia como uma disposição estável a se comportar com gentileza em todas as ocasiões que nos acontecem, não deixando jamais nos levar pela ira. O sábio é também plácido e elegante: a elegância consiste em saber se comportar bem, e a placidez consiste na harmonia dos movimentos naturais e dos estados psíquicos e corpóreos. Os tolos em geral se encontram nas condições exatamente opostas.[353]
>
> É justo também chamar o sábio de belo porque o aspecto da alma é melhor que o aspecto do corpo.[354]

Ou, então, esta outra passagem, que nos foi transmitida por Clemente:

---

353 Crísipo, SVF III 632.
354 Crísipo, SVF III 591.

> *Para nós, o austero não é apenas quem não se deixa corromper, mas também quem não se expõe à tentação. Ele não revela jamais uma alma exposta e disponível à dor e ao prazer; se a razão o chama, torna-se um juiz inflexível, não se diverte com paixões, mas com passo absolutamente seguro avança pelo caminho justo, segundo a natureza.*[355]

Trata-se de uma sensibilidade que os nossos filósofos dividiam com os cínicos, que

> *sustentam que o sábio é austero porque não faz nem tolera discursos fátuos. Dizem também que o sábio assumirá atitudes de cínico, pelo tanto de força moral que o cínico tem, e não porque, pelo simples fato de ser sábio, o sujeito deva começar a ser cínico.*[356]

Na verdade, os cínicos eram sobretudo provocadores, enquanto os estoicos eram amantes do paradoxo, ou seja, das posições externas destinadas a inflamar os ânimos[357] e a estimular o discurso dialético-refutatório em que Crísipo era mestre. Porém, tal aspecto nem sempre fazia bem à difusão da doutrina, porque estava em clara contraposição a todas as

---

355 Crísipo, SVF III 639.
356 Crísipo, SVF III 638.
357 *Cf.* Crísipo, SVF III 743-756. *Cf.*, a título de exemplo, Crísipo, SVF III 743: "Os estoicos [nisto imitando os cínicos] com base no sentido unicamente interior da ética e da teoria dos "indiferentes" (os quais propriamente são irrelevantes à ética moral) [...] dizem que, por si, é indiferente ter relações sexuais com as próprias filhas". Além disso, "propunham a antropofagia" (SVF III 746), negavam a utilidade da sepultura dos mortos (como em SVF III 751) e admitiam que se procurassem prostitutas (como em SVF III 755).

outras escolas, e parecia em um certo modo reproduzir aquela complicação – ou pelo menos aquela falta de bom senso – dos filósofos "abstratos" (como Platão e Aristóteles), que em geral todos os helenistas consideravam um modelo a ser superado.

Bem, de acordo com Cícero, a personalidade e as atitudes de Panécio pareciam perfeitas para corrigir esses defeitos:

> Evitando a sua [dos mestres] irritabilidade e a sua dureza, Panécio não aprovou a aspereza das sentenças, nem as espinhosas argumentações, e foi por um lado mais paciente, por outro lado mais célebre, e sempre teve nos lábios Platão, Aristóteles, Senócrates, Teofrasto, Dicearco, como testemunham os seus escritos.[358]

Panécio foi, portanto, o filósofo da mediação com a capacidade de tolher todas as asperezas do pensamento estoico, a partir daquelas que, aparentemente, não tinham uma relação direta com a moral, como por exemplo a doutrina da *ekpurosis*, ou seja, da conflagração cósmica:

> Em virtude disto, os estoicos sustentam que seja destinado a ocorrer aquilo de que diziam que Panécio duvidava, ou seja, ao fim dos tempos, uma conflagração do Universo inteiro [...]. Não sobraria então nada além de fogo, do qual, exatamente como de um ser animado e de um deus, aconteceria uma palingênese *do*

---

358 Panécio, fr. A95 = Cícero, *De finibus*, IV, 28, 79 (aqui e em outros lugares na tradução de E. Vimercati. Milão: Bompiani, 2002).

> Universo, e este estaria marcado pelas mes-
> míssimas características.³⁵⁹

O nosso filósofo negou a doutrina da conflagração cósmica por assumir o princípio aristotélico da eternidade do cosmo.³⁶⁰ Essa renúncia não foi pouca coisa, e teria implicado uma série de consequências, seja no âmbito moral,³⁶¹ seja na relação com a religião, pelo fato de que, ao negar a *ekpurosis*, atenuava o papel do *logos*–fogo divino que, neste evento, realizava seu controle total sobre o mundo.³⁶²

1. O maior efeito foi que o relacionamento com a religião olímpica e a fé na mântica foram perdidos: o primeiro porque os estoicos, desde as origens, davam à conflagração uma valência dupla, seja física, seja religiosa;³⁶³ a segunda porque a possibilidade de previsão do futuro se baseava sobretudo na onipotência do destino–*logos* que a negação da *ekpurosis* colocava em dúvida.

> Panécio [...] *não tinha fé em adivinhações e* repelia os discursos sobre os deuses; considerava-os, de fato, uma autêntica estupidez.³⁶⁴

---

359 Panécio, fr. A54 = Cícero, *De natura deorum*, II, 46, 118.
360 Como atesta este seu fragmento A62 = Epifânio, *De fide* 9, 45, C.G.S. III, p. 509. Holl: "Panécio de Rodes considerava o cosmo incorruptível e eterno".
361 Onde a virtude tirava sua força do *logos*-providência.
362 Porque é exatamente na conflagração que se verifica a prevalência, sobre todo o resto, da potestade de deus" (Crísipo, SVF II 616), e que "o fogo <-*logos*> reduz a estrutura do mundo ao estado elementar, ou seja, a si mesmo" (Crísipo, SVF II 6182).
363 Como se conclui do já citado fr. SVF III 302 de Crísipo: "Todos os deuses podem ser assumidos em *Zeus* sob a forma de Zeus".
364 Panécio, fr. A62.

> *Mesmo o expoente mais distinto desta disciplina, ou seja, Panécio – mestre de Posidônio e aluno de Antípatro – se afastou dos estoicos, não ousando, todavia, negar a eficácia da adivinhação, mas limitando-se a duvidar dela.*[365]

A atenuação do *logos* tinha implicações também no âmbito moral, porque em alguma medida diminuía a distância entre a ação reta e o dever, condição que se deduz facilmente desta passagem:

> *O que importa definir como bens ou preferidos as riquezas, o poder, a saúde física, se quem define estas coisas como "bens" não dá a elas maior importância do que tu lhes dás, tu, que [a exemplo de Panécio] as chamas "preferidas"?*[366]

Pela mesma razão, em Panécio a virtude perde o absolutismo que tinha nos estoicos antigos e não se identifica mais com a felicidade:

> *Panécio e Posidônio [diferentemente de Zenão e Crísipo] afirmam que a virtude não é autossuficiente <em vista do conseguimento da felicidade>, mas que precisa da boa saúde, da abundância de meios e da força.*[367]

A *apatia* (ou seja, não sentir nem os estímulos das paixões) é substituída por uma espécie de *metriopatia* (a moderação dos estímulos das paixões):

---

365 Panécio, fr. A64.
366 Panécio, fr. A87.
367 Panécio, fr. A84.

> *O sábio, portanto, sabe suportar e vencer tudo isto, mas de forma alguma pode impedir seu contato com os sentidos; a insensibilidade e a impassibilidade à dor, disse, são insensatas e desprezíveis não só a meu juízo, mas ao juízo de alguns sábios estoicos, como por exemplo Panécio, pessoa respeitada e culta.*[368]

E, por último, como diz Sêneca na *Carta* 116, 5-6 (correspondente ao fragmento A88 de Panécio), também a figura do sábio é relativizada como se fosse expressão de um modelo demasiadamente distante da realidade humana para ser eficaz:

> *Parece-me que Panécio respondeu com elegância a um rapazinho que lhe perguntava se o sábio pode amar. "Do sábio – disse – veremos depois; eu e tu, que estamos muito longe da sabedoria, devemos estar atentos para não nos envolvermos em um turbilhão irracional do espírito, que é escravo de outra pessoa e desprezível a si mesmo".*[369]

Em resumo, se nos é lícito emitir um juízo complexivo sobre o pensamento de Panécio, podemos equipará-lo a uma simplificação do Estoicismo, a um "refinamento" dele, que do ponto de vista filosófico corresponde também a um empobrecimento, uma *perda de universalidade* por ter transformado o ideal do "viver segundo a natureza" *universal* próprio dos velhos estoicos no viver "segundo os recursos dados

---

368 Panécio, fr. A89.
369 Panécio, fr. A89.

a nós pela natureza",³⁷⁰ ou seja, seguindo as atitudes *individuais* que a natureza nos deu.

---
370 Panécio, fr. A82.

II.
Posidônio de Apameia

Posidônio[371]

foi um dos mais poliédricos autores de todo o mundo antigo. O êxito dessa amplitude de horizontes é uma produção imponente que abrangia quase todos os âmbitos do saber: ontologia, física, ética, lógica, astronomia, astrologia, história, etnografia, gramática, geografia, geometria, mineralogia e outros. Tal multiplicidade de interesses era uma resposta à convicção de que a verdade não residia apenas no âmbito da filosofia, nem, em seu interior, no âmbito da tradição estoica.

Todavia, uma vez rendidas as homenagens ao seu infinito saber, a contribuição ao Estoicismo não pode ser chamada de elevada, e sua linha de pensamento é perfeitamente comparável àquela do mestre Panécio (exceto algumas diferenças sobre a questão da mântica). A limitação dos princípios físicos inaugurada pelo mestre procede com uma degradação do *logos*, conseguinte ao fato de que este aparece privado de sua substancialidade única: "Segundo Posidônio, o destino que depende de Zeus é de ordem tríplice, em primeiro lugar o próprio Zeus, em segundo, a natureza, e finalmente o destino".[372]

---

371 Observa Vimercati na *Introdução* à sua obra sobre Posidônio, *cit.*, p. 5.
372 Posidônio, A101 (aqui e em outros lugares na tradução de E. Vimercati, *cit.*).

Segue, como em Panécio, uma equiparação dos bens e dos indiferentes (correspondente a uma atenuação do rigorismo ético), o distanciamento entre a virtude e a felicidade (a virtude não garante, sozinha, a felicidade, como pensavam os velhos estoicos) e, finalmente, a tentativa de tirar do isolamento a escola estoica em relação às outras escolas, até assimilar posicionamentos típicos do Platonismo, como, por exemplo, a propósito da alma:

> *Posidônio [...] neste ponto se distancia de Crísipo: no tratado* As paixões, *de fato, sustenta que somos governados por três faculdades, a concupiscível, a irascível e a racional; Posidônio ressalta que até mesmo Cleantes tinha a mesma opinião que ele. Afirma que o discurso sobre as virtudes, se se baseia sobre estes princípios, chega a conclusões corretas, e demonstra esta sua tese em um longo tratado, escrito separadamente.*[373]

Mas o acolhimento da posição platônica na teoria da alma revoluciona o princípio moral da apatia[374] e finalmente sai da ortodoxia da escola:

> *Posidônio, em todo caso, rejeita ambos os posicionamentos de Zenão e Crísipo sobre as paixões. Segundo ele, as paixões não são nem juízos nem consequências dos juízos, mas são determinadas pela faculdade irascível e daquela*

---

373 Posidônio, fr. A189.
374 Como se poderia renunciar à paixão (ou seja, ser "apático"), se a paixão é um princípio constitutivo da alma (alma concupiscível)?

> *concupiscível, assim seguindo completamente o posicionamento dos antigos. E frequentemente, em seu tratado* As paixões, *pergunta a Crísipo qual seria a causa do impulso excessivo. A razão, de fato, não poderia ultrapassar as próprias ações e as próprias medidas. Fica claro, por isso, que a causa de o impulso ultrapassar os limites impostos pela razão é qualquer outra faculdade irracional, exatamente como é irracional a causa – ou seja, o peso do corpo – que impele a corrida a superar os limites impostos pela deliberação.*[375]

É preciso, porém, reconhecer que esta revisão do Estoicismo original, mesmo com seus limites, favoreceu extraordinariamente a difusão dessa filosofia sobretudo no ambiente romano,[376] atualizando-a com base nos progressos científicos do tempo, que nosso pensador bem conhecia. Não se pode dizer, porém, que a tenha fortificado ou aprofundado.

---

375 Posidônio, fr. A197.
376 Até mesmo Cícero, atraído pela fama de Posidônio, participou de suas aulas, como se lê no fragmento A13: "Daqui [Cícero] passou pela Ásia e por Rodes; na Ásia foi aluno dos reitores Xenocles de Adramite, Dionísio de Magnésia e Menipo da Cária, enquanto em Rodes estudou retórica com Apolônio, filho de Molon, e filosofia com Posidônio". O próprio Cícero confirma a notícia em *De natura deorum* I, 6 (= Posidônio, fr. A14): "Quanto a mim, me aproximei da filosofia no último minuto, mas desde muito jovem lhe dediquei tempo e esforço, e me ocupei dela de forma particular mesmo quando menos parecia fazê-lo; prova disso são meus discursos transbordantes de máximas filosóficas, além de grande amizade com homens de grande cultura, que sempre frequentaram minha casa, principalmente Diódoto, Filão, Antíoco e Posidônio, que foram meus mestres".

Terceira parte:
Neoestoicismo

I.
Sêneca

1. Os fundamentos da moral de Sêneca

Lúcio Aneu Sêneca nasceu na Espanha, em Córdoba, no fim do século I a.C. Em Roma, teve sua formação filosófica e participou ativamente e com sucesso da vida política. Em 41 d.C., quando Cláudio se tornou imperador, logo depois da morte de Calígula (em 24 de junho de 41) e até a sucessão de Cláudio, Sêneca foi exilado na Córsega, após as acusações de Messalina, esposa de Cláudio. Voltou a Roma em 49, já que, após a execução de Messalina, Agripina, mãe de Nero, o chamou de volta, confiando-lhe a educação do filho, sobretudo no âmbito retórico. Em 54, Nero subiu ao trono e então, por alguns anos, Sêneca, junto a Burro (prefeito do pretório) teve grandíssima influência política e responsabilidade, mesmo sem assumir cargos públicos oficialmente, simplesmente na qualidade de conselheiro. Em 62, morto Burro, Sêneca se retirou da vida pública, já estando desgastado o relacionamento com Nero, até pela influência de Popeia, com quem Nero havia se casado após ter repudiado e depois matado Otávia. Mesmo Sêneca estando havia muito tempo alheio à política, isso não o salvou das suspeitas de Nero, que, em seguida à fracassada conspiração de Calpúrnio Pisão (descoberto em 65 d.C.), acusou Sêneca de relações secretas com Pisão e o condenou ao suicídio. Sêneca se matou com firmeza estoica e admirável força de espírito.

Sêneca e Epíteto deram uma contribuição autêntica ao Estoicismo dos fundadores, porque retomaram a sequência de duas linhas de pensamento sempre presentes na escola e que, mesmo em sua oposição recíproca, a orientaram continuamente: uma, que vem da física, descreve um mundo rigorosamente otimista em que o *logos* não tem dificuldade para se impor sobre a matéria;[377] a outra – que vem da lógica e sobretudo da ética – quebra a unidade e a homogeneidade da natureza, seja do ponto de vista ontológico, com a dimensão dos incorpóreos, seja do ponto de vista gnosiológico, com a independência do assenso.

Certo, como bem sabemos, o assenso não pode mudar o desenvolvimento da história, que é fixado pela necessidade, mas pode julgar a história: aceitá-la ou recusá-la. A fratura que atravessa o fatalismo estoico se compõe na figura do sábio e na sua capacidade de assumir para si a vontade do *logos*: o princípio da Razão, o indivíduo e o universal se fundem.

Sêneca compreende essa peculiaridade de pensamento de seus mestres, mas, em vez de corrigi-la ou refutá-la, faz dela um uso criativo.

---

377 E exatamente por isto assume por toda a parte o caráter da Providência.

Ele não cancelou os dogmas da física,[378] porque compreendia que sem eles o mundo perderia sua razão de ser e sua positividade, e com isso o homem deveria renunciar à mais eficaz das consolações e a um privilégio invejável: aquele de deixar-se levar conscientemente pelo Destino à salvação.

Mas a física a que Sêneca se refere é uma espécie de prelúdio à teologia, exatamente porque esta última depende do Deus-*logos* que por sua vez é o fundamento da moral.

Por exemplo, o nosso filósofo se impressiona com a formulação dos dois princípios causais em que principalmente Cleantes e Crísipo se concentraram:[379]

> Como sabes, nossos estoicos afirmavam que na natureza existem apenas duas coisas das quais deriva tudo: a causa e a matéria. A matéria jaz inerte, pronta a qualquer transformação, destinada a estase se ninguém a move; a causa, em vez disso, ou seja, a razão, dá forma à matéria e a transforma como quiser, produzindo a partir dela as diversas obras. Portanto, deve haver algo com que uma coisa é feita, e depois algo do qual uma coisa é feita: esta é a causa, aquela é a matéria.[380]

---

378 Ele lhes dedicou, de fato, *as Questões naturais*, em oito livros.
379 *Cf.* Cleantes, SVF I 493 e Crísipo, SVF II 300, supracitados.
380 Sêneca, *Cartas. Lettere*, 65, 2-3, na tradução de M. Natali (Bompiani, 2000), aqui e em outros lugares. NT: A tradução para o inglês me parece mais acurada: "There must be, in the case of each thing, that from which it is made, and, next, an agent by which it is made". Em português: "Deve haver, no caso de cada coisa, aquilo do que é feita, e, em seguida, um agente pelo qual ela é feita".

E, porém, esta teoria o interessa sobretudo porque oferece uma perspectiva teológica imediata, mostrando o caminho que une a natureza ao deus criador, ou seja, o *logos*.

> *Mas agora buscamos a causa primeira e universal. Esta deve ser simples, como simples é a natureza. Buscamos o que é a causa? Evidentemente é a razão criadora, ou seja, Deus: todas estas coisas que vós relatardes não são causas múltiplas e individuais, mas dependem de uma apenas, daquela eficiente.*[381]

Mas em todo caso Sêneca reafirma o finalismo necessário do mundo[382] e, por consequência, o grande valor formativo e catártico do estudo da natureza:

> *Me proíbes de indagar sobre a natureza, afastando-me do todo para reconduzires-me à parte? Não buscarei quais sejam os princípios do Universo? Quem deu forma às coisas? Quem separou os elementos imersos em uma única massa e confusos em uma matéria inerte? Não buscarei quem seja o artífice deste mundo? Por qual desígnio uma massa tão imensa chegou à lei e à ordem? Quem reuniu as coisas esparsas, distinguiu as coisas confusas, atribuiu uma fisionomia individual às coisas que jaziam em uma única massa informe? De onde se difunde uma luz tão intensa? Se é fogo, ou algo ainda*

---

381 Sêneca, *Cartas*, 65, 12.
382 In: *Cartas*, 65,6: "O que é o fim? Aquilo que estimulou o artífice e aquilo a que ele aspirou, em seu trabalho".

mais luminoso que o fogo? Não indagarei tudo isso? Ignorarei de onde vim? Se verei este mundo apenas uma vez ou se deverei renascer mais vezes? Para onde irei, afastando-me daqui? Qual sede espera por minha alma liberada das leis da escravidão humana? Me proíbes de ser partícipe das coisas celestes, ou seja, me ordenas a viver com a cabeça baixa?[383]

Mas aqui acaba a função da física, que, no fim das contas, vale como apoio à filosofia moral, porque, confessa Sêneca:[384] "Eu me ocupo daquilo que serve para aquietar o espírito, e primeiro indago a mim mesmo, depois a este mundo".[385]

A prática da vida obriga a outras escolhas necessárias para estabelecer o que deve ter a precedência no empenho do sábio:

> O que é importante? *Poder suportar a adversidade com espírito sereno; o que quer que aconteça, suportá-lo como se tivesses querido que acontecesse a ti* [...].

> O que é importante? *Um espírito forte e firme contra as desgraças, não apenas longe, mas também inimigo do luxo, que não vá em busca dos perigos, mas não os refute, que saiba não esperar por, mas produzir a própria sorte e avançar contra a boa e a má sorte sem medo e sem perturbação, não sendo atingido nem pelo ataque desta nem pelo esplendor daquela.*

---

383 *Cartas*, 65, 19-20.
384 *Cartas*, 65,15.
385 *As questões naturais*, III, pref. 12-17.

O que é importante? *Não dar lugar no espírito a maus pensamentos, elevar as mãos puras ao céu, não desejar algum bem que, para chegar a ti, alguém deve perder, desejar aquilo que se pode desejar, sem levantar oposições: a sabedoria...*

O que é importante? *Elevar o espírito além das coisas que dependem da sorte, lembrar-se da própria condição humana; assim, se tiveres sorte, saberás que não durará muito, se fores desafortunado, saberás que não o és se não te considerares como tal.*

O que é importante? *Levar a própria vida com leveza: isto nos torna livres não em virtude do direito romano, mas em virtude do direito de natureza. E livre é quem se liberta da escravidão de si mesmo: esta é contínua e inevitável e oprime dia e noite, sem intervalo e sem pausa.*

Encontramos aqui, em uma síntese muito eficaz, a mensagem moral dos estoicos — fundada sobre a *ataraxia* (a paz interior), a supressão (ou pelo menos o completo domínio) das paixões, a independência do mundo externo e do próprio corpo. Todavia, a contribuição original de nosso filósofo é outra.

Foi Sêneca – diz Reale[386] – quem rompeu o esquema do intelectualismo helênico, introduzindo o termo

---

386   G. Reale, *La filosofia di Seneca come terapia dei mali dell'anima*. Milão: Bompiani, 2003, p. 143. Relembremo-nos, entretanto, de que as premissas desta superação estão em certa medida já em Crísipo (SVF III 389), quando admitia que o homem afetado por paixões, "mesmo vendo que aquela dada ação não faz bem, vencido por um excessivo ardor, [...] seja constrito a cumpri-la". Isto equivale a negar a própria fórmula do intelectualismo, vale dizer, nem sempre a visão do bem e da verdade envolve a sua atuação.

voluntas,[387] *o qual não tem na língua grega um correspondente que cubra a mesma área conceitual.*

Mas isso é possível porque no Estoicismo havia espaço para esta novidade, na medida em que o assenso era considerado livre da necessidade natural e, portanto, em certos limites, livre para expressar as próprias iniciativas.

Por outro lado — observa o nosso filósofo —, se compreende que a vontade seja filha do assenso, pelo fato de "que ninguém pode dizer qual seja a origem de sua vontade",[388] e que de qualquer forma não depende da razão (*vele non discitur*: não se aprende a querer!), apesar do fato de que esta, em sua forma universal de *logos*, configure-se como o princípio ontológico de toda a realidade.

Ora, se a vontade não se deixa controlar pela razão, então devemos admitir uma zona alternativa à Razão em que haja espaço para o pecado, mas não de forma casual e rapsódica, mas estrutural, "pelo que nos devemos convencer de que nenhum de nós é sem culpa", porque "todos nós cometemos culpas, mais graves ou mais leves, alguns deliberadamente, outros levados pelo acaso ou arrastados pela maldade de outrem [...] e não apenas cometemos culpas, *mas as cometeremos enquanto vivermos*".[389]

---

387 E em medida análoga, também "consciência"; *cf.* G. Reale, *La filosofia di Seneca come terapia dei mali delll tera, cit.,* p. 139*ss*.
388 *Cartas,* 37, 5.
389 Sêneca, *Sobre a clemência* III 4, 3. E, todavia, no exame de consciência, a consciência do pecado se torna regra para não mais cometê-lo; *cf. Sobre a ira* III 36, 1-4.

A este ponto, como bem observa Reale,[390]

> *apenas quando se considera o pecado dependente da vontade, e quando se enxerga no pecado não mais um simples erro de conhecimento, mas algo de muito mais complexo, é que se pode explicar como, mesmo conhecendo o bem, o homem pode pecar*[391]*, exatamente porque a vontade responde a solicitações que não são apenas aquelas do conhecimento.*

Os efeitos últimos desta afirmação são facilmente verificáveis com base no conceito de progresso que decididamente muda de sentido do "intelectualista" Crísipo (para o qual os erros não admitem graduação) ao "voluntarista" Sêneca (para o qual a vontade pode ser fortificada ou atenuada!), como o confronto entre estes textos evidencia:

> *O absurdo mais macroscópico destes é aquele [dos estoicos] que relega todos os homens, menos um – o sábio –, a uma única e homogênea forma de vício. Mas, neste ponto, um mistério continua, quase uma tolice, o que se compreende quando se diz* progresso, *se é verdadeiro que aqueles que, graças exatamente ao progresso, se liberaram das paixões e das enfermidades da alma, mesmo que não completamente, são tão infelizes quanto aquele que não se distanciou nem um passo dos piores vícios [...]. Sou do*

---
390 G. Reale, *La filosofia di Seneca come terapia dei mali dell'anima*, cit., p. 149.
391 Com efeito, como se explicaria a reiteração da culpa (expressa acima, em *Sobre a clemência*), uma vez que o sujeito se coloca em sintonia com a razão?

pensamento de que não haja nada entre a virtude e o vício, enquanto os peripatéticos sustentam que entre virtude *e* vício *há o progresso. Como de fato, dizem eles, necessariamente a madeira é ou reta ou torta, assim uma ação é ou justa ou injusta, e não mais <ou menos> justa ou mais <ou menos> injusta: e o mesmo vale para as outras virtudes.*[392]

E também entre os seguidores da sabedoria devemos reconhecer que existem grandes diferenças: um já fez progressos tais a ponto de ousar alçar os olhos contra a sorte, mas não firmemente (de fato, os abaixa, atordoado por tanto esplendor), um outro progrediu tanto que pode confrontá-la face a face, isso se ainda não chegou ao topo, e é pleno de confiança em si mesmo. Inevitavelmente, quem ainda é imperfeito vacila, ora avança, ora derrapa para trás ou se deixa abater. Mas derrapará se não perseverar em andar para a frente com todas as suas forças; se se afastarem o empenho e a tenacidade dos propósitos, deverá retroceder. Ninguém foi encontrado ao longo do caminho do progresso no mesmo ponto em que foi deixado. Portanto, empenhemo-nos assiduamente e perseveremos; restam-nos ainda mais vitórias a conseguir em respeito àquelas que já conseguimos, mas grande parte do progresso consiste em querer progredir. Estou consciente disto: quero e quero com toda a alma. Vejo que também tu tens estes impulsos e te voltas às metas mais belas. Apressemo-nos: nestas condições, apenas, a vida será bem vivida; de outra forma

---

392   Crísipo, SVF III 535-356.

> *nada mais é do que uma perda de tempo, e vergonhosa para quem a percorre em meio às perversões. Façamos de modo que todo o tempo nos pertença; mas isto não acontecerá se antes não começarmos a nos pertencermos a nós mesmos.*[393]

Esta reforma não coloca Sêneca do lado de fora da escola estoica, mas justifica seu conceito de ortodoxia, bem exposto na *Carta* 33, 10-11:

> *Jamais descobriremos nada se nos contentarmos com o que já descobrimos. Além disso, quem segue os vestígios de outro não encontra nada, ou melhor, nem busca. E agora? Não seguirei os vestígios dos predecessores? Percorrerei a velha estrada, mas, se descobrir uma mais breve e mais plana, a abrirei. Aqueles que refletiram sobre estes problemas antes de nós não são nossos donos, mas nossos guias. A verdade é acessível a todos; ninguém jamais se apossou dela; grande parte dela ainda está por ser descoberta também por quem vem depois.*

Por outro lado, o Estoicisimo tem uma projeção dinâmica que o torna similar, em todas as suas fases, a um canteiro aberto, em que a progressão dos trabalhos leva em conta os fundamentos e os pilares colocados por quem começou a obra, mas não se pode parar no seu estado encontrado. Nesse sentido, sobre os conceitos que atribuímos à contribuição original de Sêneca, encontramos seus fundamentos no pensamento estoico, que já por si era orientado em

---

393 *Cartas*, 71, 34-36.

direção a uma transformação do assenso, de elemento específico do progresso cognitivo a um fator ético sempre mais influente. É precisamente nesta perspectiva que desde o início do Estoicismo se podia falar de assensos *errados*,[394] ou de assenso *fraco*,[395] ou mesmo *instável*,[396] os quais levam respectivamente ao erro moral, ou à perturbação ou, em casos extremos, às paixões,[397] ou até à ignorância. Sêneca percorreu este caminho também graças ao fato de ter colocado em segundo plano a dialética e certos aspectos da física.

2. O suicídio

Resta ainda uma questão a ser abordada, aquela sobre o *suicídio* do sábio, que para ser contemplado nas escolhas possíveis (se não até mesmo obrigatórias, em certas condições[398]), constituía sem dúvida um capítulo não irrelevante da ética estoica.

Na verdade, o tema do suicídio ou, em geral, da disponibilidade em sacrificar a própria vida, não foi apenas uma questão teórica, mas também uma prática difundida. Além de Sêneca, foram induzidos, por Nero, ao suicídio Trásea Peto e

---

394 Como se lê em Crísipo, SVF III 172 e 281.
395 Como em Crísipo, SVF III 380.
396 *Cf.* SVF III 548.
397 Crísipo, SVF III 462.
398 Condições que valem apenas para o sábio, e não para o tolo ou para os seres viventes que por natureza são orientados à vida: *cf.* o que Crísipo diz em SVF III 758, reportado acima e comentado: "Em muitos casos é um dever preciso do sábio ir embora da vida".

Lucano, mas muitos também escolheram o martírio fazendo franca oposição a Nero e Domiciano, por isso sendo vítimas de sua perseguição. Assim aconteceu com Helvídio Prisco, Herênio Senécio e outros seguidores, se não exatamente do Estoicismo, ao menos do estilo estoico de vida, os quais foram colocados à morte por Domiciano em 93 d.C. Tratava-se, em sua grande parte, de personagens do senado que, em nome da *libertas* romana, representada pela figura de Catão Uticense, confrontavam os imperadores.

Devemos, porém, notar que tal oposição – que justamente deu a nossos filósofos a fama de mártires da liberdade e da Razão[399] – não foi ditada por razões apenas políticas, mas principalmente por motivos morais, justificados pelo ideal estoico de que apenas o *sapiens*, enquanto representante legítimo do *logos*, podia ser bom soberano. Portanto, Nero e Domiciano, que certamente não eram sábios, a seus olhos se qualificavam não como reis a quem se devia obedecer, mas como tiranos a serem abatidos.[400]

Esta concepção e esta práxis colocavam, de forma complexa, um problema de solução não muito

---

399 Epíteto que efetivamente foi atribuído por Justino a Musônio, em ocasião de seu exílio na Ilha de Giaro.
400 *Cf.*, em tal sentido, os numerosos escritos de I. Ramelli juntados em sua monumental obra para a coleção Bompiani "Il pensiero occidentale", *Stoici romani minori* (introdução de R. Radice), Milão 2008, e, especificamente, seu artigo "*'Divus'* e *'Deus'* negli autori del I secolo d.C.: Lucano, Seneca e Plinio il Giovane di fronte al culto imperiale", *Rendiconti delllconti de Lombardo, Accademia di Scienze e Lettere*, 134 (2000) [2001], p. 125-149.

fácil: qual mal poderia levar o sapiente a deixar a vida, uma vez admitido – como todos os estoicos admitiam – que o próprio fluxo dos eventos fatalmente se orienta ao bem e o sábio tem plena consciência disso?

Mas também neste caso a objeção vale mais para os veteroestoicos do que para Sêneca, o qual, entretanto, elegeu a vontade como árbitro da conduta humana, como mostra a série de passagens que relatamos, nas quais estão opostas a posição de Crísipo e a posição de Sêneca. No primeiro caso, é a indiferença da morte o que determina a regra (viver e morrer não são bens e males éticos, mas sim indiferentes);[401] no segundo, um exercício superior de vontade, unido a um desprezo substancial do corpo, que não pode se reduzir a uma matriz estoica. Isso talvez seja resultado da renascente cultura platônica (medioplatônica), a ponto de um grande intérprete de nosso filósofo[402] atribuir exatamente a esta influência o *novum* que diferencia o Neoestoicismo do Estoicismo antigo:

> *Pelo que é dito, Crísipo acredita que nem a permanência nesta vida depende totalmente dos bens, e nem a saída desta vida depende dos males, mas sim da realidade intermediária conforme a natureza. Portanto, às vezes será necessário que quem é feliz vá embora desta vida, e ao contrário, que quem é infeliz nela permaneça.*[403]

---

401 *Cf.* il. fr. SVF III 758, já citado.
402 G. Reale, *La filosofia di Seneca come terapia dei mali dellanima, cit.*, p. 164.
403 Crísipo, SVF III 7591.

> Jamais esta carne me constrangerá ao temor, jamais à simulação, indigna de um homem honesto; jamais mentirei em benefício deste pequeno corpo. Quando me parecer oportuno, romperei o vínculo que a ele me liga; mas também agora, que estamos unidos, não temos bases iguais: a alma reivindica para si todos os direitos. O desprezo pelo próprio corpo é liberdade segura.[404]

---

404 Sêneca, *Cartas*, 65, 22.

II.
Musônio Rufo

Musônio Rufo nasce por volta de 30 d.C. na Etrúria, nas cercanias do lago de Bolsena. O seu *floruit*[405] remonta a cerca de 54-68, e sua formação político-cultural se enriqueceu pela convivência com Trásea Peto, o senador de formação estoica que foi condenado por Nero. Musônio também foi condenado ao exílio por Nero, e após isto, novamente condenado em circunstâncias não conhecidas. Ele assistiu à perseguição de Vespasiano e de Domiciano contra os filósofos (nesta ocasião, não sabemos qual foi seu destino). Morreu por volta do ano 100.

O Neoestoicismo se apresenta como um desenvolvimento do Medioestoicismo, mas em certos aspectos não se assemelha em nada a este. Ele se aproxima do Medioestoicismo porque reduz ou quase anula a contribuição da física e da lógica, mas se diferencia dele porque não faz nenhuma tentativa de atenuar os dogmas: em vez disso, empenha-se para torná-los mais severos e eficazes, para impedir que no infinito labirinto das demonstrações e refutações − amplamente percorrido por Crísipo − se perdesse a linha mestra do viver segundo a natureza, quer dizer, segundo a "natureza" estoica.

---

405 NT: do latim "florescer".

Esta orientação já está bem presente em Musônio, que, enquanto tirava da moral o fundamento da física e da lógica, não a deixava à mercê de si mesma, mas a confiava à função exemplar do sábio,[406] à tarefa de privilegiar o aspecto prático da moral sobre aquele teórico.[407]

Musônio, em *Diatribe* V,[408] a partir do significativo título "Vale mais o hábito ou a teoria?", coloca em evidência este aspecto:

> *Musônio acreditava que o hábito [ou seja, prática] era mais útil [do que a teoria] e que [...] a respeito da moderação e da temperança, em relação a saber dizer o que é necessário, não seria talvez muito mais importante se tornar moderado e contido em todos os atos?, [...]Mas em sua atitude não há traços de anticulturalismo, porém a consciência de que uma coisa é saber*

---

406 Certamente baseando-se em uma particular inspiração cínica que lhe era congenial e no exemplo de Diógenes, o cínico, que reassumia no exercício e no empenho a via que leva à liberdade e à virtude.

407 Na verdade, Musônio encontrava os pressupostos deste seu projeto de revalorização da prática no campo moral em Zenão e Crísipo, os quais tinham bem presente a necessidade de que a ética não se reduzisse a puros princípios ou teoremas abstratos, tanto é verdade que Crísipo fazia derivar o verbo *didaskein* (ensinar) de *askein* (fazer exercício) (*cf.* SVF II 160). Como apoio desta tese, veja também estas significativas passagens: Crísipo, SVF III 214: "Os estoicos a pensam assim. A virtude é uma arte e toda arte é um sistema de princípios teóricos consolidados pelo exercício"; Zenão, SVF I 73 (1): "Zenão sustenta que a *arte* é um sistema de compreensões que, com o exercício, contribuem juntas para um certo fim útil nas experiências da vida"; Crísipo, SVF III 715: "O sábio assegurará o exercício físico para manter o corpo em forma".

408 P. 81*ss.* da tradução de I. Ramelli, supracitada.

o que é a virtude (o que é mesmo necessário), e outra coisa encontrar a força para colocá-la em ação:

> <Musônio>, disse: como poderia, portanto, por consequência, ser muito mais importante saber a teoria de cada questão, em vez de se habituar a agir seguindo o que manda esta teoria? Dado que o hábito conduz à capacidade de agir, enquanto o conhecimento da teoria conduz à capacidade de discorrer. É sem dúvida verdadeiro que a teoria colabora com a prática, ensinando como se deve agir, e que cronologicamente ela precede o hábito, porque não é possível adquirir um hábito positivo se não segundo a teoria; mas por importância a prática vem antes da teoria, a partir do momento em que ela é capaz, mais do que a teoria, de guiar o homem à ação.[409]

A prática é tanto mais necessária quanto mais elevada e severa[410] é a regra moral a que Musônio se refere:

> Portanto nós, que participamos do estudo filosófico, ouvimos e aprendemos que nem o cansaço, nem a morte, nem a pobreza e nem qualquer outra coisa que seja privada de maldade são, em qualquer caso, um mal, nem, ao contrário, são bens o dinheiro, a vida, o prazer ou qualquer coisa que não participe da virtude.[411]

---

409 Musônio, ainda em *Diatribe* V.
410 Podemos também dizer "ortodoxa", com referência aos princípios éticos originários do Estoicismo.
411 Musônio, *Diatribe* VI, p. 26.

Aqui parece reiterada a diferença entre os bens e os indiferentes nos quais, na visão original dos estoicos, eram incluídos "os bens, o dinheiro, a vida e o prazer".

Junto a estes temas facilmente reconduzíveis à matriz veteroestoica, outros são assumidos a partir de fontes filosóficas estranhas ao Estoicismo (talvez do Medioplatonismo) e outros ainda são uma contribuição original de nosso filósofo e de suas raízes culturais submersas na tradição e na religiosidade etrusca. A esta matriz podem ser reportadas tanto a acentuada superioridade de Zeus em relação aos outros deuses, quanto a sua figura de deus pessoal e sua proximidade ao homem. Tais caráteres, que certamente não traem o sentido da teologia estoica, levam sim bastante em conta a religiosidade etrusca,[412] que formou a personalidade de Musônio:

> *O homem é imitação de Deus, único entre todos os seres que vivem sobre a Terra, e as virtudes que lhe são próprias são similares àquelas de Deus, porque nem mesmo nos deuses poderemos pensar algo de moralmente melhor do que a sabedoria e a justiça, ou ainda a fortaleza e a temperança. Portanto, como Deus, graças à presença destas virtudes, não se vence pelo prazer, nem pelo espírito de subjugação, é superior ao desejo, superior à inveja e ao ciúme, nutre pensamentos elevados, é benéfico e ama os homens – porque*

---

412 Sobre isto: I. Ramelli, *Musonio Rufo stoico romano-etrusco*, introdução a Musônio Rufo, *Diatribe, frammenti e testimonianze*. Milão: Bompiani, 2001, p. 23ss.

nos assemelhamos a Deus –, assim é preciso pensar que também a sua imitação, o homem, se viver segundo a natureza, vive de forma similar, e assim vivendo, torna-se invejável: ora, enquanto invejável, seria imediatamente também feliz, dado que invejamos apenas os felizes.[413]

---

413 Musônio, *Diatribe* XVII, 90.

III.
Epíteto

Epíteto nasceu em Hierápolis, na Frígia, entre 50 e 60 d.C. Quando ainda era escravo, frequentou as aulas de Musônio, que o converteram ao Estoicismo e o introduziram no mundo da filosofia, tanto que quando Domiciano decidiu mandar embora todos os filósofos – no fim dos anos 80 –, ele também foi mandado para o exílio em Nicópolis, no Épiro. Ali fundou a sua escola, que teve grande sucesso e atraiu ouvintes de todas as partes. Não se conhece a data precisa de sua morte (talvez em 138 d.C.). Lembremos que Epíteto, assim como Sócrates, não deixou escritos, mas, por sorte, o conteúdo de suas aulas foi transcrito pelo historiador Flávio Arriano, que, pouco depois da morte do filósofo, as publicou com o nome de *Diatribe*, talvez na origem em oitro livros, dos quais quatro sobreviveram. Arriano, consciente também da perspectiva prática do pensamento de Epíteto, compilou um *Manual* (*Encheiridion*), extraindo das *Diatribe* as máximas mais significativas.

É no campo da *liberdade* que age o princípio da *voluntas* de Sêneca, e é exatamente neste fundamento que se constrói o pensamento de Epíteto, e, antes ainda, a vida de Epíteto, levando em conta que ele era um escravo. Talvez grande parte de sua existência tenha sido passada sonhando com a liberdade, e quando a juntou à filosofia percebeu que o que havia encontrado era diferente do que aquilo a que aspirava. Certamente era muito mais estável – por estar na interioridade do homem – e independente dos eventos da sorte, "porque não é com a obtenção daquilo que se deseja que se consegue a liberdade, mas sim com a remoção do desejo".[414]

É exatamente este (o *horexis*) o inimigo da liberdade, e, do ponto de vista de Epíteto, a verdadeira causa das paixões:[415] "É assim que nasce a paixão – diz o nosso filósofo – quero algo e não posso tê-lo",[416] ou então temo algo e não posso evitá-lo.

Portanto, a necessária supressão do desejo produz como efeito a impassibilidade, e a impassibilidade torna livre à maneira dos estoicos, ou seja, com uma separação brusca, segundo uma escolha de campo clara e irreversível, que não é para todos:

> Homem, examina antes de tudo a situação, depois também a tua própria natureza, para que vejas que peso podes levar. Se queres ser um lutador, olha teus ombros, tuas coxas, teus flancos. Porque um é feito para uma coisa, outro, para outra. [...] Depois de teres bem ponderado a coisa, se quiseres, aproxima-te da filosofia, se quiseres adquirir, em troca de muito cansaço, a impassibilidade, a liberdade e a imperturbabilidade. *Se não, não te aproximes, não faz como os meninos, agora filósofo, depois coletor de impostos, depois reitor,*

---

414 Epíteto, *Diatribe* IV 175, na tradução de C. Cassanmagnago, aqui e em outros lugares.
415 As quais, como sabemos, são, no Veteroestoicismo, a maior origem do mal.
416 Epíteto, *Diatribe* I 27 10.

> *depois procurador de César. Estas coisas não estão em harmonia: deves ser um homem inteiro bom ou inteiro mau; deves trabalhar a parte dominante da tua alma ou os objetos externos, dedicar teus esforços ao que te está dentro ou ao que te está fora; em outras palavras, deves ter a atitude de filósofo ou de profano.*[417]

Esta dicotomia entre profanos e filósofos, que é fácil considerar como correspondente da divisão entre tolos e sábios, tem um sentido particularmente denso em Epíteto, que não considera a vida moral como uma sucessão de inumeráveis renúncias e lutas, mas como o efeito de uma única escolha original que chamava de *proairesis*, ou seja, "a escolha que precede todas as escolhas", assim, podemos dizer, *a escolha de fundo*. Esta é a chave de sua moral:

> *Não desconheças ou te esqueças dos bens mais importantes, mas, pela visão, pela audição e por Zeus, pela própria vida e pelo que a sustenta, pelos frutos sólidos, pelo vinho e pelo azeite dês graças a Deus; porém, lembra-te que ele te deu algo mais importante do que todos estes bens, a capacidade de deles te servires, a capacidade de os julgares, e de calculares o valor de cada um deles. De fato, o que é que afirma, para cada uma destas faculdades, o seu valor? [...] É a faculdade da escolha moral [...]. E o que é que faz o olho, quando está aberto, se não ver? Mas se se deve olhar a esposa de alguém, e como, quem é que o diz? A faculdade da escolha moral. Se se deve*

---

[417] Epíteto, *Diatribe* III 15 9-13.

> *crer nas coisas que nos foram ditas ou não, e, tendo nelas acreditado, irritarmo-nos ou não, quem é que o diz? Não é a faculdade da escolha moral?* [...] *E a escolha moral, o que pode, por natureza, impedi-la? Nenhum dos objetos que não dependam da escolha moral: esta sim se impede quando é desviada. Por isso, sozinha se torna vício ou virtude.*[418]

A escolha de fundo não é substancialmente algo de diverso do assenso de Zenão e de Crísipo, só que nestes filósofos este se reportava à razão lógica, porque devia julgar se uma representação era clara ou não. Aqui, entretanto, em uma visão muito simplificada, o assenso se reporta à razão moral, para a qual "o bem do homem não é nada além de uma certa orientação de sua escolha moral de fundo";[419] e assim, ao contrário, o vício.

Mas, equiparando de fato a razão moral à razão lógica, Epíteto pareceria ser vítima do mais banal dos intelectualismos, aquele que exclui a vontade, por exemplo quando diz: "Mostra aos delinquentes o erro e verás que eles se afastam de suas culpas!".[420] Talvez, porém, a posição de nosso filósofo não seja tão crua como parece ser, se interpretarmos bem esta passagem:

---

418 Epíteto, *Diatribe* II 23 5-19.
419 Epíteto, *Diatribe*, I 8 16.
420 Epíteto, *Diatribe*, I 18 4.

> *É, portanto, talvez esta a grande e admirável coisa, entender e interpretar Crísipo? E quem é que o diz? O que, então, é admirável?* Compreender o plano da natureza. *E bem, o compreendes por ti mesmo? E se é assim, de quem ainda precisas? Se é verdadeiro, de fato,* que todos nós erramos involuntariamente, *e se compreendeste a verdade, então necessariamente retificas teus pensamentos e teus atos.*[421]

O princípio do intelectualismo (que o bem se impõe por si mesmo) estaria limitado ao fato de que não em todos, mas apenas no sábio, instaura-se uma espécie de hábito moral que intervém pontualmente a cada escolha, para "retificar os pensamentos e os atos", e no sentido próprio e geral daria a capacidade de "compreender o plano da natureza". Por tais razões, o sábio não pode errar, porque tem em si uma espécie de guia infalível que o direciona sempre; o tolo, entretanto, como é privado desse juízo interior, erra sempre ou quase sempre, porque vai às cegas. *O intelectualismo* — ou seja, a força coerciva do bem — *valeria, portanto, apenas para os sábios e não para todos*, e entraria em jogo apenas no momento em que se conquista a sabedoria, após um exercício interior para dominar as próprias fraquezas e fragilidades, como bem ressalta a seguinte passagem:

> *Nem tudo o que é difícil e perigoso está apto ao exercício, mas apenas aquilo que nos ajuda nos esforços para alcançar o objeto de nossos propósitos.*

---

421 Epíteto, *Diatribe*, I 17 13-14.

> *E o que é isto? Viver, sem ser submetido a impedimentos, nos desejos e nas aversões. E isto, o que quer dizer? Não fracassar nos próprios desejos e não cair no que repele. Exatamente por isso deve almejar o exercício. De fato, como não é possível não se frustrar nos desejos nem evitar de incorrer naquilo que repele sem um exercício longo e ininterrupto, saibas que, se deixas que o exercício se volte para fora de ti, aos objetos que não dependem da escolha moral, não poderás te satisfazer nos desejos nem te protegeres daquilo que repeles. E a partir do momento que o poder do hábito é grande e nós estamos acostumados a usar o desejo e a aversão apenas em relação a objetos externos, é necessário contrapor a este hábito o hábito oposto e, onde as representações mais nos fizerem deslizar, ali opor a influência do exercício. Sou levado a ceder ao prazer: me voltarei à parte contrária, sem medidas, para me exercitar. Sou inclinado a evitar o cansaço: me empenharei e adestrarei neste âmbito as minhas representações, a fim de afastar minha aversão de qualquer coisa do gênero.*[422]

Isto significa reforçar a escolha moral de tal forma que infalivelmente esta saiba se manter em uma vida "sem impedimentos, nos desejos e nas aversões".

A interiorização da moral e da felicidade produzida pelos primeiros estoicos é aqui, em Epíteto, um dado adquirido jamais colocado em discussão: "Fora da escolha moral – observa nosso filósofo

---

422 Epíteto, *Diatribe*, III 12 3-7.

— não há bem nem mal"[423] e também não há felicidade, à medida que esta se reduz completamente à esfera das representações:

> As coisas em nosso poder [...] são as únicas que garantem a liberdade e a felicidade. Antes de tudo, portanto, exercita-te a dizer, a qualquer representação forte que te ocorra: "És uma representação, e absolutamente nada do que pareces ser"; depois, indaga-a e examina-a com base nestas normas que possuis, em primeiro lugar e sobretudo com base nesta: tem a ver com aquilo que depende de nós, ou com aquilo que não depende de nós? Se tem a ver com aquilo que não é nosso, tem em mãos a pronta resposta: "Não compete a mim".[424]

Esta passagem nos leva diretamente ao centro do pensamento de Epíteto que não traz novidades substanciais em relação ao Veteroestoicismo, além de rediscutir a relação entre a física e a moral. Até Epíteto, assistimos a uma suspensão dos pressupostos físicos da moral, mas no novo filósofo encontramos uma mudança de perspectiva inovadora, como se apresenta nas primeiras palavras do *Manual*:

> Das coisas, umas estão em nosso poder, outras não. Estão em nosso poder a opinião, o impulso, o desejo, a aversão e, em uma palavra, todas aquelas coisas que não são nossas próprias ações; não estão em nosso poder o corpo,

---
423 Epíteto, *Diatribe*, III 10 18.
424 Epíteto, *Manual* [*Manuale*], I 4-5, aqui e em outros lugares na tradução italiana de C. Cassanmagnago.

> *o patrimônio, a reputação, o cargo e, em uma palavra, todas aquelas coisas que não são nossas próprias ações: as coisas em nosso poder são por natureza livres, incoercíveis e livres de impedimentos, aquelas que não estão em nosso poder são fracas, escravas, coercíveis e estranhas. Lembras, portanto, que se mantiveres livres aquelas que são por natureza escravas, e tuas próprias aquelas estranhas, serás impedido, te afligirás, te perturbarás e te lamentarás dos deuses e dos homens; enquanto se mantiveres como teu apenas aquilo que é teu, e como estranho, como é realmente, aquilo que te é estranho, ninguém jamais te constringirá, ninguém te impedirá, não te lamentarás de ninguém, não acusarás ninguém, não farás nada contra a vontade, não terás nenhum inimigo, ninguém te causará dano e nem, com efeito, poderás sofrer nenhum dano.*[425]

Portanto, a realidade se divide em duas categorias: as coisas que estão em meu poder e aquelas que não dependem de mim; destas últimas não devo me ocupar porque são indiferentes; das primeiras, entretanto, sim.

Tal princípio parece ser o fundamento último da filosofia de Epíteto porque leva em conta também a natureza física, mas não segundo uma física guiada por princípios próprios, e sim concebida segundo a perspectiva humana. Como o ponto de vista do filósofo é aquele do homem, não é necessário para fins de sua felicidade – e, portanto, não é nem interessante – conhecer como é a natureza enquanto

---

425 Epíteto, *Manual*, I 1-3.

tal e quais leis ela segue: é interessante apenas saber como esta influi sobre o homem.

Cada evento em si (seja ele um fato natural, ou histórico, ou causal, ou interpessoal) se introduz na consciência e, lá se colocando, muda de natureza, tornando-se uma representação. Uma vez assumida esta natureza, entra no grupo das "realidades que dependem de mim", e como tal é tratada. Por exemplo, a doença enquanto faz parte do âmbito das coisas que não dependem de mim é um indiferente, e por isso não pode causar dano:[426] no máximo, nos fará mal o nosso juízo errado sobre ela[427] ou, em geral, a disposição errada da escolha moral que, apresentando-nos a representação como um mal, produzirá em nós angústia, dor, vergonha, solidão:

> A doença é impedimento do corpo, mas não da escolha moral, a menos que esta última não o queira. Ser aleijado é impedimento da perna, mas não da escolha moral. E isto diz sobre qualquer coisa que te aconteça; descobrirás, de fato, que é impedimento de qualquer outra coisa, mas não de ti mesmo.[428]

Todo o aparato da física, que no primeiro Estoicismo servia para criar o mundo da providência necessariamente otimista, não é negado por Epíteto, mas é substancialmente tornado inútil;[429] e assim

---

426 Levando em conta o fato de que nós não somos o nosso corpo, mas nossa razão.
427 Este sim incide sobre nós, ou seja, sobre nossa razão!
428 Epíteto, *Manual* IX.
429 O mundo da escolha moral, para Epíteto, é estranho ao mundo

também a conflagração cósmica.[430] De tal forma, o duro confronto entre necessidade e liberdade se aquieta, porque se a necessidade é um dado, a liberdade é uma escolha: uma escolha de fundo.

---

da natureza e está, em certo sentido, fechado em si mesmo.
430 Epíteto, *Diatribe*, III 13 4s.

IV.
Marco Aurélio

Marco Aurélio Antonino nasceu em 121 d.C. e se aproximou desde jovem à retórica e sobretudo à filosofia, até encontrar o próprio modelo e fonte inexaurível de inspiração nas *Diatribe* de Epíteto. Em 161 subiu ao trono imperial em um momento particularmente dramático da história de Roma, ameaçada no exterior pelos bárbaros, e no interior por perigosas tensões. Marco Aurélio esteve à altura da situação, exercendo a autoridade imperial com profundo sentimento estoico de dever e sentindo plenamente a tremenda responsabilidade do cargo que tinha e que ele, na fidelidade a seus princípios filosóficos, soube entender como um serviço para os outros. Morreu em 180 d.C. A sua obra filosófica – redigida em grego, e composta também durante as campanhas militares – tem o título de *Meditações*,[431] e foi um tipo de caderno não destinado à publicação.

O pensamento estoico já havia separado o mundo da natureza do mundo da moral[432] por tempo demais para poder esperar descobrir, no último grande representante do Neoestoicismo,

---

431 NT: Em italiano, *A se stesso*. Em grego, Τὰ εἰς ἑαυτόν, *Ta eis heautón* – literalmente "[pensamentos/escritos] endereçados a si mesmo".
432 E com Epíteto, como acabamos de ver, tinha até encontrado um fundamento específico da ética não naquilo que a natureza é, mas naquilo que o homem colhe da natureza.

os traços daquela sinergia entre *physis* e *homem* própria dos antigos.

Essencialmente, a contribuição da física à vida do homem servia a Zenão, Cleantes e Crísipo para garantir a consolação de um mundo providencial com o qual a liberdade individual pouco ou nada podia interagir; mas, por outro lado, não havia necessidade de interagir, porque apenas o Destino provia a boa orientação dos eventos do mundo. E vice--versa: era dado ao homem subir no carro do destino para ser levado lá aonde o *logos* o teria conduzido. Isso, porém, acontecia mediante o preço de um processo de universalização bastante radical, que tendia inexoravelmente a descarregar sobre o particular e o individual todos os limites e os males: vinha também daqui a ideia do "pequeno corpo", de que vez ou outra Epíteto falava, como obstáculo à inevitável liberdade interior.

Entretanto, para Crísipo, mesmo os simples corpos naturais (ainda mais os humanos), exatamente por serem elementos do *logos*, tinham seu valor e sua beleza natural:

> *Que os esforços da natureza sejam regulados pela justa medida e pela bela forma, isto podemos reconhecer também pelos fatos naturais, um argumento, este, ainda não abordado, mas que penso ser agora o momento de confrontar. Por exemplo, a barba que desponta nas faces não apenas as protege, mas também as faz mais belas; de fato, ressalta a masculinidade, sobretudo com o passar dos anos e se nasce grossa*

e de maneira uniforme. E pelo mesmo motivo os zigomas e o nariz são imberbes e lisos por natureza, porque de outra forma o vulto do homem teria um aspecto selvagem e animalesco, de forma alguma adaptado a um ser doméstico e sociável.[433]

Ao ilustrar aquela obra de arte que é a criação divina, vós, ou Lucílio, frequentemente descrevestes os detalhes que compõem a figura humana, não apenas objetivando a sua utilidade, mas também a sua beleza.[434]

Uma concepção parecida se perde em Marco Aurélio:

O substrato de cada coisa é a podridão da matéria, é a água, o pó, os ossos, a sujeira. Ou ainda, os mármores são as calosidades da Terra, o ouro e a prata, seus sedimentos; as vestes são pelos de animais e a púrpura é o sangue – e assim por diante. Assim também é o sopro, que se transforma disto naquilo.[435]

E assim, até mesmo a reprodução sempre igual das coisas, que exalava em Crísipo uma espécie de exuberância da razão e uma repetição da perfeição, não tem o mesmo sentido em Marco Aurélio:

[Diz Crísipo]: Quando o logos universal chega a um dado ponto, a natureza universal, mais madura e mais extensa, ao fim drena todas as coisas e, recolhida a si em toda substância,

---

433 Crísipo, SVF II 1164.
434 Crísipo, SVF II 1165.
435 Marco Aurélio, *Pensieri*, IX 36, aqui e em outros lugares na tradução italiana de C. Cassanmagnago supracitada.

> *retorna ao estado de* logos *do qual se falou antes e àquele despertar que inicia o Grande ano, durante o qual sozinha e em si regenera a constituição de um tempo. Regredindo à mesma ordem que tinha no momento original da formação do mundo, começa a mesma evolução inspirada pela razão, dado que estes períodos se sucedem continuamente pela eternidade. Não é possível que haja um princípio ou uma dissolução da substância, nem mesmo o princípio diretivo da substância.*[436]

> <Diz Marco Aurélio>: *E para cada acontecimento, lembra-te de pronto que já o testemunhaste tantas vezes. Em geral, aqui e ali, encontrarás as mesmas coisas, das quais são plenas as histórias antigas, aquelas não tão antigas, aquelas contemporâneas, das quais são plenas atualmente as cidades e as casas. Nada de novo: tudo é trivial e transitório.*[437]

E da mesma forma o desenvolvimento espermático do *logos* (para o qual, segundo uma visão solidamente otimista, da morte sempre vem uma vida nova, e mais perfeita) se conclui, em nosso filósofo, em uma desconsolada e inútil chegada ao nada:

> *Reflete frequentemente sobre a velocidade com a qual as coisas que são e que se tornam são arrastadas e levadas de nós. De fato, a substância é como um rio de curso ininterrupto, as suas ações estão em contínua mudança, as causas se*

---

436 Crísipo, SVF II 599.
437 Marco Aurélio, *Pensieri*, VII 1.

> *apresentam em infinitos modos diversos e quase nada está parado, nem o tempo presente, nem aquilo que está aqui junto a mim: é o infinito, seja do tempo passado, seja do tempo futuro,* buraco enorme, *em que tudo desaparece.*[438]

Não há nestas palavras um artifício dialético para exacerbar a diferença entre a força do sábio e a fraqueza dos tolos, e constringir à escolha de uma e ao repúdio da outra, mas, como disse Cassanmagnago,[439] trata-se de

> *marcas críticas e amargas, que traem um mal-estar com raízes* [...] *de natureza não menos existencial que relacional. Não se trata apenas do pensamento da morte e do tornar-se, tão inquietante em seu fluir ininterrupto* [...]*, mas também de* desconforto humano, *ligado seja ao ambiente da corte, seja à observação impiedosa, radical, de tipo cínico, do próximo, seja ele alto ou baixo (também isto uma matéria para sua meditação): dimensões reveladoras de uma alma atravessada por tensões e reações às vezes de franco desapontamento em relação a uma realidade humana, além de tudo, sempre pouco confortante para qualquer um que tenha ideais não apenas espirituais, mas também civis.*

Diríamos que falta o apoio confortante da física, mesmo que Marco Aurélio de forma alguma renuncie aos dogmas da escola sobre a onipotência da

---

438 Marco Aurélio, *Pensieri*, V 23.
439 Marco Aurélio, *Pensieri*, texto grego, introdução, tradução, notas e críticas por C. Cassanmagnago. Milão: Bompiani, 2008, p. 71.

physis: mas estes, muitas vezes reconhecidos e aclamados, perdem a eficácia sobre a percepção humana do mundo e parecem transferir a positividade da parte ao Todo:

> Todas as coisas são reciprocamente entrelaçadas, a sua ligação é sagrada e quase nenhuma coisa é estranha a outra. Encontram-se, de fato, harmonicamente ordenadas e juntas oferecem ordem e beleza ao mesmo mundo. E este mundo é único, formado por todos os componentes: único é o deus que os permeia, única é a substância e única é a lei, a razão comum a todos os viventes inteligentes, única é a verdade, se é verdadeiro que apenas uma é a perfeição dos viventes que têm a mesma natureza e compartilham da mesma razão.[440]

Paralelamente a isso, cresce a importância da interioridade, a chamada *cidadela interior*, refúgio do sábio que garante a defesa de qualquer perigo:

> Lembra-te que o teu hegemônico é invencível quando se recolhe em si mesmo e recusa tranquilamente agir contra a sua vontade, mesmo quando esta resistência é irracional. O que dizer, então, quando expressa um juízo baseado na razão e na atitude circunspecta? Por isso, o intelecto livre de paixões é uma cidadela; *não há fortaleza mais segura que o homem possua, onde pode procurar refúgio pelo resto de seu tempo, e ali ser inalcançável. Quem jamais viu este refúgio*

---

440 Marco Aurélio, *Pensieri* VII 9.

é um ignorante; quem o viu e nele não se amparou, é um infeliz.[441]

Para defender esta fortaleza que a tradição estoica – e até mesmo Marco Aurélio, na passagem supracitada – colocava na parte racional da alma (o *hegemônico*), nosso filósofo reforça a estrutura da alma, distinguindo-a em alma verdadeira e própria (*psyché*) e intelecto *(nous)*, e reduzindo a primeira a *pneuma* imanente ao corpo e o segundo, pelo que parece, a uma realidade supraindividual. Este *nous*, na verdade, não é um termo nem um conceito próprio do Estoicismo, mas provavelmente vem do Platonismo médio. É verdadeiro, entretanto, que, introduzido na visão estoica, separa ainda mais a interioridade humana[442] dos acontecimentos do corpo, tornando-a totalmente independente e impenetrável aos ataques do mundo exterior:

> *Três são os componentes dos quais és formado: corpo, pneuma, mente. Destes, os dois primeiros são teus, no sentido de que deves deles cuidar; apenas o terceiro é soberanamente teu. Por isso, se afastares deste teu eu, ou seja, do teu intelecto, todas [...] tuas angústias e tudo o que, por pertencer ao corpo que te circunda ou ao sopro que nele é inserido, é realidade adjuntiva independente da tua escolha de fundo, [...] conseguirás fazer de ti mesmo, como diz Empédocles, "uma*

---

441 Marco Aurélio, *Pensieri*, VIII 48.
442 Porém sem jamais pressupor para esta uma diferenciação ontológica, que aporte no espiritual, mas designando-a como realidade divina ou demoníaca, como na passagem seguinte.

esfera totalmente redonda, que goza de sua própria e beata unicidade". Então te preocuparás apenas com viver o tempo que vives, ou seja, o tempo presente, e a possibilidade de passar o tempo restante da vida, até a morte, sem perturbações, com benevolência, em serena harmonia com teu próprio démone.[443]

Quando tu te sentires forçado pelas realidades em torno a ti, quase sentindo perturbações e tensões, deves rapidamente voltar-te a ti mesmo e não sair do ritmo, mais do que o necessário. O regresso habitual à harmonia te aumentará o controle sobre ela.[444]

Marco Aurélio, hipotetizando uma mente universal[445] compartilhada por todos enquanto cidadãos do mundo, reforça a ideia da igualdade de todos os homens que, em seu pensamento, se aprofunda no sentido de um amor mútuo e se dilata até compreender os deuses:

Se a mente nos é comum, também a razão, pela qual somos racionais, nos é comum. Se é assim,

---

443 Marco Aurélio, *Pensieri*, XII 3. NT: *démone*, em italiano. Empédocles fala sobre "demônios" no sentido de "uma força interior". A tradução desta passagem para o português de Portugal arrisca "divindade", o que não me parece correto, e traduzir como "demônio" vai levar o leitor a associar ao mal, o que também não seria correto. Por isso mantive o original italiano.
444 Marco Aurélio, *Pensieri*, VI 11.
445 Conceito provavelmente de inspiração aristotélica, como se deduz de *Etica Nicomachea*, 430a 16s.: "Há um intelecto que corresponde à causa eficiente, porque produz todas as coisas, como uma disposição do tipo da luz, porque de certo modo também a luz faz com que as cores potenciais se transformem em cores ativas. E este intelecto é separável [...] imortal, eterno".

também a razão, que ordena o que se deve fazer, é comum. Se é assim, também a lei é comum. Se é assim, somos cidadãos; se é assim, somos partícipes de uma comunidade organizada; se é assim, o cosmo é quase uma cidade. De qual outra organização política comum podemos dizer que participe todo o gênero humano? Dali, de fato, desta cidade comum, é que nos derivam a própria mente, a razão, o direito. De onde, se não? Como, de fato, o elemento terrestre me foi dado como parte proveniente da terra, o elemento úmido de um outro elemento e o sopro de uma fonte similar, o calor e o fogo de outra fonte específica [...], assim é certo que também a mente nos veio de alguma parte.[446]

Próprio do homem é amar também aqueles que cometem erros. E isto se realiza logo que tu percebes que eles são teus parentes, e que erram por ignorância e não por vontade; que em pouco tempo estarão mortos e que não te causaram dano. Porque teu hegemônico não ficou pior do que era antes".[447]

Ó alma minha, nunca serás boa para participar [...] da sociedade dos deuses e dos homens, de modo a não te lamentares deles e a não receberes acusações de sua parte?[448]

O imperador Marco Aurélio não ultrapassou os horizontes teóricos do escravo Epíteto, mas os enriqueceu com ideias e motivos que demonstram

---

446 Marco Aurélio, *Pensieri*, IV 4.
447 Marco Aurélio, *Pensieri*, VII 22.
448 Marco Aurélio, *Pensieri*, X 1.

ainda mais a força de adaptação do Estoicismo. Certamente, depois de nosso filósofo a influência desta filosofia diminuiu a ponto de quase desaparecer porque, para conter e para contrastar o novo clima espiritual do Cristianismo, eram necessárias referências ontológicas e teológicas mais amplas e profundas do que aquelas materialísticas que a filosofia de Zenão jamais havia rejeitado.

Neste momento, o testemunho passava ao Platonismo, na forma de espiritualismo neoplatônico.

Conceitos-
-chave

Alegorese: é a transformação no sentido sistemático e filosófico da alegoria, ou seja, pelo método de compreender alguns nomes ou fatos descritos pelos poetas como símbolos de outras realidades. Dessa forma, os estoicos transformavam obras literárias em obras de fundo filosófico, e o mito (ou os ritos conectados) em teses filosóficas, o mais coerente possível com seu pensamento. A alegorese, por um lado, mudava a natureza da religião, e de outro, manifestava em relação a esta um grande respeito e interesse, aplicando-se a múltiplos contextos religiosos, até fundar uma *tradição alegórica transcultural*.

Algo: a partir do momento em que introduziram os incorpóreos, os estoicos foram constritos a admitir um princípio ainda superior ao corpo, que identificavam com o ser, e o chamaram de "Algo". Mas não foi uma solução feliz (porque "algo" é um termo indefinido que não pode estar no vértice da filosofia, que tem o objetivo de definir a realidade), tanto que nem todos os estoicos o aceitaram.

Alma: a alma humana é substancialmente *pneuma* que, variando de *tônus*, se diferencia em várias faculdades (em seu todo, oito: o hegemônico, os cinco sentidos, a geração e a fonação), com isso garantindo a unidade e a homogeneidade do homem, mas não a sua imortalidade individual, porque nenhuma alma poderá superar incólume a *conflagração* do mundo, mesmo se necessariamente se reconstituirá, idêntica, nos *anos cósmicos* sucessivos. Posidônio não aceitou esta divisão e adotou a divisão de Platão em alma irascível, concupiscível e racional.

Anapodíticos (= indemonstráveis): são assim chamados os silogismos fundamentais que se impõem pela sua evidência e que servem de modelo a todos os outros.

Apetite: ver **Assenso**.

Apocatástase (= reconstituição): ver **Eterno retorno**.

Apropriação, princípio de: ver *Oikeiosis*.

Assenso: é a aprovação que a alma racional concede aos dados sensíveis, dando-lhes a permissão de se aviarem no sucessivo desenvolvimento da consciência para constituir a representação catalética e, consequentemente, por meio do impulso, o desejo e o apetite, a ação humana. Portanto, é fundamento da ética; ver **Representação**.

Ataraxia (= imperturbabilidade): foi descrita e celebrada sobretudo por Sêneca e pelos neoestoicos, em geral, sob a forma de paz interior e como efeito da supressão ou, pelo menos, de um completo domínio das paixões. A ataraxia, para Sêneca, permite a independência do mundo externo e do próprio corpo.

Ação reta: ver também **Dever**. Panécio e Posidônio atenuaram notavelmente a diferença entre os bens e os indiferentes, e entre a ação reta e o dever, dando relevância particular a este último.

Bem: a aplicação da segunda (aquela relativa à alma racional) *oikeiosis* aos fatos da vida faz com que a moral se divida em três partes: a ética relativa aos *bens* (ou seja, àquelas realidades que incrementam a razão por meio da consciência), aos males (ou seja, àquelas realidades que danificam a razão por meio da ignorância) e à esfera dos indiferentes, ou seja, as coisas "que não acarretam nem vantagem nem dano à verdadeira essência do homem, ou seja, à razão". Nessa esfera estão também compreendidos todos os valores que dizem respeito à vida concreta do homem — por exemplo: a saúde, a doença, a fama, a desonra, a riqueza — que de tal forma seriam excluídos da moral, tornando-a inútil. Então os estoicos reviveram a primeira *oikeiosis* (a relativa ao corpo), distinguindo os indiferentes em preferidos (saúde, beleza, fama...), rejeitados (doença, feiúra, desonra...) e absolutamente indiferentes (ter um número par ou ímpar de cabelos). Mas como se deduz da própria terminologia, estes não são considerados valores absolutos (valores morais), mas sim valores relativos (a saúde é preferível à doença, a beleza é preferível à feiura), e isso depende do fato de que o valor moral de uma ação para os estoicos é apenas interior (ou seja, dependente das intenções). A distinção entre bens e indiferentes é atenuada no Estoicismo Médio para depois, no Neoestoicismo, ser reafirmada com vigor.

Bioética: chamo "bioética", em uma acepção diferente da hoje em uso, a busca tipicamente estoica de uma *moral que valha para todo vivente*, e não apenas para o homem: um tipo de ética da Vida e não dos indivíduos viventes. Esta se baseia no princípio da *oikeiosis*, ou da apropriação (*vide*) que se estende justamente a todos os seres do mundo.

Causa: "Das causas – dizem os estoicos – algumas são *completas e principais*, outras, entretanto, são *cooperantes e próximas*. Portanto, quando dizemos que cada evento se realiza pelo destino segundo causas anteriores, não nos referimos a causas completas e principais, mas a causas cooperantes e próximas". A propósito do assenso – que para os nossos filósofos é o princípio da liberdade humana –, "o objeto percebido sobre o qual emite seu juízo constitui uma causa próxima e não principal", pelo que ele é, sim, livre, mas ligado à necessidade de "ser ativado por um certo objeto percebido".

Ceticismo: influiu no Estoicismo sobretudo na versão acadêmico-cética de Arcesilau de Pitane (atuante no início do século II a.C.), o qual refutava os filósofos estoicos com base em seus fundamentos do conhecimento. A representação catalética — dizia Arcesilau — não pode ser base do conhecimento certo (dogmático) porque o que decide sobre esta é o *logos* e não a experiência, e nenhuma experiência pode ser demonstrada como verdadeira, mas apenas percebida como tal. Em resumo, pensar e sentir são incomensuráveis. Portanto, nada é certo, como pretendem os estoicos, e sobre tudo deve pesar o juízo.

Cínicos: foi uma escola assim chamada socrática menor: "socrática" porque fundada por um dos tantos discípulos de Sócrates, e "menor" por ser inferior à grande filosofia de Platão. O Cinismo fundado por Antístenes, mas consolidado sobretudo por Diógenes e Crates, revelou — sobre o exemplo de Sócrates — que não apenas o pensamento de um filósofo, mas também sua conduta e a sua coerência de vida podem e devem ser tomados como modelo, sobretudo quando se trata de desconstruir atitudes acríticas e conformistas. Influenciou, em certos aspectos, o Estoicismo.

Coerência (= homologia): ver também *Oikeiosis*. Segundo os estoicos, "uma virtude fundada na coerência moral não tem necessidade de nenhum prazer nem de nenhuma outra coisa para garantir uma vida feliz".

Coesão, força de: ver **Natureza**.

Comistão total dos corpos: é o princípio universal que nossos filósofos expressavam assim: "Um corpo penetra através de um outro corpo, se admitirmos que [...] um corpo em si todo pleno acolha um outro corpo igualmente cheio sem por isto aumentar de medida, mas ocupando o mesmo espaço que ocupará quando tiver assimilado em si o outro corpo". O princípio em exame é fundamental uma vez admitido – como admitiam os estoicos – que tudo é corpo (mesmo o bem e a virtude) e que, com base no modelo do organismo, no interior do mundo não há vácuo.

Confatalia: correspondem aos atos humanos que são envolvidos na realização do destino. Constituem um tema importante da relação fundamental entre necessidade e liberdade para os estoicos a quem dedicamos espaço.

Conflagração cósmica (= *ekpurosis*): ver também **Eterno retorno**. A doutrina da conflagração cósmica foi rejeitada pelo medioestoico Panécio, que proclamou a eternidade do mundo.

Corporeísmo, corpo: para os estoicos, tudo o que existe é corpo enquanto age, porque a característica peculiar do corpo é a sua capacidade de agir. Por isso também o bem e a justiça são corpos, porque têm efeitos. Ver também **Organicismo**.

Culpa, pecado: se, como quer Sêneca, a vontade (*vide*) não se deixa dirigir pela razão, então deve-se admitir um espaço alternativo à Razão em que o pecado – e não mais o erro – encontra um lugar estável, "pelo que devemos nos convencer de que nenhum de nós é sem culpa".

Destino: Crísipo define o destino – em língua grega, *heimarmene* – nestes termos: "O destino é uma certa série perpétua de eventos, corrente que se desenvolve e se entrelaça por meio da ordem eterna da consequência". Filosoficamente corresponde ao verbete **Necessário** e ao verbete **Providência**.

Deus: em Heráclito, e sucessivamente nos estoicos, identifica-se com o *logos*-razão que, para os gregos, representa tanto a lei imanente nas coisas quanto a consciência das leis presente na mente do estudioso. Em tal sentido deus, enquanto *razão* (= *logos*) *seminal* do cosmo, criaria o cosmo "a partir de dentro". Os estoicos faziam também a distinção entre o deus (o *logos*) e os deuses (os astros e todos aqueles seres que são partícipes de razão) sobre a base da corruptibilidade destes últimos e da incorruptibilidade do primeiro.

Dever: o critério de avaliação das ações está no grau de consciência de quem as cumpre, e, portanto, elas perdem valor porque nessas condições nenhuma ação resultaria condenável (nem mesmo um homicídio, se ocorresse em guerra) ou apreciável (nem mesmo salvar uma vida, se foi feito para conseguir uma recompensa), se não se conhecessem as intenções de quem a cumpre. E então eis a necessidade de uma categoria posterior, a do *dever*, definido como "um ato que pode ser justificado racionalmente", ou seja, que pode ser conotado positivamente ou negativamente em si e por si, enquanto ato, e não apenas em função da intenção de quem o colocou em prática.

Epicurismo: foi uma filosofia helenística concorrente ao Estoicismo, que propunha substancialmente os mesmos objetivos, mas com métodos e conceitos opostos. Para usar as palavras de Reale (*Storia della filosofia antica*, v. III, p. 351):

> Se Epicuro reduziu o conhecimento à sensação e a seus efeitos, os estoicos introduziram o assenso da razão; se Epicuro repropôs o pluralismo atomístico, os estoicos propõem, em vez disso, o monismo; se Epicuro sustentou a absoluta falta de finalismo, os estoicos defendem veementemente a teleologia; Epicuro sustentou o mecanicismo, os estoicos repropõem o hilozoísmo e o vitalismo; se Epicuro sustentou a infinitude dos mundos, os estoicos sustentam a existência de apenas um mundo; [...] se Epicuro fez do vácuo um princípio, os estoicos negam categoricamente que no mundo haja vácuo e o confinam do lado de fora do mundo; Epicuro negou a penetrabilidade dos corpos; os estoicos sustentam a penetrabilidade dos corpos; se Epicuro negou categoricamente qualquer Providência, os estoicos fazem da Providência um dogma fundamental; e, enfim, se Epicuro negou o destino, os estoicos fazem do Destino a outra face da Providência, tão essencial quanto a Providência.

Escolha de fundo (*proairesis*): mesmo o conceito já estando presente em Crísipo (ver **Mal**), torna-se fundamental em Epíteto, que não considera a vida moral uma sucessão de inumeráveis renúncias e lutas, mas como efeito de uma única e original escolha que chamava de *proairesis*, ou seja, "a escolha que precede todas as escolhas": podemos dizer, a escolha de fundo. Este é o fulcro de sua moral.

Eterno retorno: como o mundo é regido pelo *logos*, que se volta ao fogo-razão de Heráclito eternamente em movimento (e de resto o raciocínio passa sempre de ideia a ideia, de afirmação a afirmação), o mundo não pode jamais ter fim. Por isso, dizem os estoicos, o mundo se transformará em fogo (conflagração cósmica, *ekpurosis*), ou seja, se reduzirá à sua pura essência. Neste ponto novamente começará *o grande ano*, no qual tudo se regenerará (*palingenêse*), reconstituindo-se sempre igual a antes (*apokatastasi*). Isso porque o fogo é princípio de destruição (por exemplo o fogo da lareira, que consome a lenha) e também de vida (= fogo espermático, por exemplo, o fogo do sol que não consome nada e dá a vida à Terra) e ao mesmo tempo é a única e imutável regra do mundo.

Etimologia: é aquele instrumento que, no parecer dos estoicos, permite reportar os nomes aos seus significados *originais*, quando os homens exprimiam as coisas perfeitamente.

Fantasia: ver **Representação**.

Felicidade: para os estoicos, a felicidade depende substancialmente da coerência moral e das virtudes que a acompanham, enquanto constituem o único bem independente do êxito das próprias ações e que não perde o valor "mesmo quando não conseguimos alcançar" o objetivo proposto. A felicidade, portanto, compete apenas aos valores éticos e não à esfera dos indiferentes, porque estes não são absolutos, mas relativos aos outros homens ou ao mundo que nos circunda. Em vez disso, os bens morais, colocando-se *na interioridade do homem*, uma vez que são realizados na consciência do indivíduo, conduzem à identificação da felicidade com a virtude. Em Epíteto, a felicidade se reduz completamente à esfera das representações, ou das "coisas em nosso poder [...] as quais realmente são as únicas que garantem a liberdade e a felicidade".

Hegemônico: significa "parte dominante" e corresponde à parte racional da alma em que o *tônus* do *pneuma* (e, portanto, do *logos*) se encontra na pureza máxima.

Heimarmene: ver **Destino**.

Helenismo: habitualmente designa aquele período que acompanha a expedição de Alexandre Magno e sua obra de fusão da cultura grega com a oriental, nos últimos anos do século IV a.C.

Heráclito de Éfeso: foi o inspirador do Estoicismo e seu ponto de referência, sobretudo no que concerne à física.

Hilozoísmo: termo de origem grega que indica que o mundo inteiro é como um organismo vivente permeado de um espírito uno (*pneuma*) e vital.

Homem: ocupa uma posição de absoluta excelência não apenas em relação aos outros animais, mas também em relação a todas as realidades cósmicas, porque "a providência criou todas as coisas para ele", e, portanto, constitui o fim da criação. Nesse sentido, é considerado uma realidade divina, concidadão dos deuses, a criatura na qual o *logos* se torna consciente de si.

Incorpóreos: para os estoicos, o corpo é uma susbtância capaz de produzir efeitos. Mas, dito isto, existem efeitos que, por sua vez, não têm mais a força de agir, e estes são o *vácuo* (efeito último de não existir um corpo), o *lugar* (efeito último de existir um corpo), o *tempo* (efeito último do movimento dos corpos) e, além disso, o chamado *lektà* (ou seja, os "dizíveis", os objetos do pensamento) enquanto são universais e não podem por isto ser corpos (individuais). Ver também **Algo**.

Intelecto: Marco Aurélio modifica a estrutura estoica da alma, distinguindo-a em alma verdadeira e própria (*psychê*) e intelecto (*nous*), reduzindo a primeira a *pneuma* imanente ao corpo e a segunda, ao que parece, a uma realidade supraindividual.

Liberdade: ver também **Sábio**. Em Zenão, Cleantes e Crísipo, pode-se dizer que foi o problema de fundo do Estoicismo, continuamente evocado pela crítica dos céticos, com justa razão, pois teria sido impossível construir uma moral sobre o pressuposto de que o homem é completamente envolvido e absorto pelo determinismo natural. Dedicamos um capítulo inteiro a este tema, distinguindo dois âmbitos: um sobre a necessidade do mundo no qual o homem opera, e o outro sobre a liberdade da alma humana. Os antigos estoicos estavam convencidos de que a liberdade se reduzia substancialmente à possibilidade de realizar a própria natureza (*cf.* o exemplo citado no texto da *liberdade do cilindro*) e que fosse compatível com a necessidade do mundo: a) em primeiro lugar, porque o Destino (*heimarmene*) é capaz de incluir em sua corrente indefectível das causas também os efeitos dos atos cumpridos livremente; b) em segundo lugar, porque consideravam o *assenso* (do qual depende sua moral interior) como estranho à necessidade do mundo. A liberdade se torna o fulcro do pensamento de Epíteto sobretudo na oposição às paixões, "porque – diz o nosso filósofo – não é com a obtenção do que se deseja que se consegue a liberdade, mas sim com a remoção do desejo".

Língua, linguagem: para os estoicos, a língua não é apenas o veículo do *logos*, mas também o instrumento constitutivo deste: ou seja, sem a linguagem, não apenas não poderemos comunicar conceitos complexos, mas também não conseguiremos nem pensá-los. Em última análise, é um modo pelo qual o *logos* se revela.

Logos: o termo *logos* em âmbito helênico torna tanto a lei imanente nas coisas quanto a consciência das leis presente apenas na mente do estudioso. Paradoxalmente (mas não ilogicamente), até a pedra é "inteligente", quando, caindo da montanha, respeita (e, portanto, a seu modo "conhece") a força da gravidade! Como princípio cósmico, o *logos* é o forjador do Universo, imanente à natureza. Nesta acepção, é chamado de *espermático*, enquanto se comporta como sêmen. Além disso, para os estoicos o *logos* é o referente último da moral humana, e, portanto, corresponde ao Bem absoluto. Tal princípio perde a sua unidade com Posidônio, e parte de sua força com Panécio, após a recusa da conflagração.

Mal: como para os estoicos o princípio da realidade e da moral é o *logos*, ou seja, a razão compreendida como bem, não haveria espaço para o mal, se não fosse o fato de que o assenso é livre para "virar o rosto para a razão" e para suas regras necessárias, segundo uma verdadeira e própria *escolha de fundo*. Do assenso, quando for contrário à verdade e à razão, vêm as paixões, que comportam um desvio da razão, anulando sua força.

Mântica ou adivinhação: a proximidade entre os homens e os deuses fez com que os estoicos fossem apoiadores convictos da mântica, como um instrumento normal de comunicação com os seres divinos

(Crísipo, SVF II 1189). Os nossos filósofos lhe deram uma classificação sistemática, distinguindo-a em mântica artificial (Crísipo, SVF II 1207s.) e mântica natural (SVF II 1208). Todavia, não houve acordo sobre este tema, tanto que o medioestoico Panécio não deu nenhum crédito a esta ciência.

Matéria: ver *Logos*, **Materialismo, Princípios.**

Materialismo: os estoicos, junto aos epicuristas, podem ser considerados os primeiros filósofos materialistas porque, diferentemente dos pré-socráticos, tiveram a possibilidade de escolher entre uma solução dualista (Ideia/matéria, à maneira de Platão, ou forma/matéria, à maneira de Aristóteles) e uma monista (ver **Monismo**), reduzível apenas à matéria.

Monismo: é aquela concepção que representa o Universo inteiro como uma realidade compacta, homogênea e unitária (também do ponto de vista ontológico; ver **Materialismo**), no caso dos estoicos, sem vácuo no meio.

Natureza: segundo os estoicos, "a) A *natureza* é o *fogo criador* que atua na criação segundo um plano, e se move tirando de si a energia necessária [...]. b) Em um outro sentido, a natureza é *pneuma* quente que se move por si e que *gera em virtude de suas potências seminais,* levando ao cumprimento e mantendo em vida o homem [...]. c) Chama-se também natureza a mistura <dos elementos>, a força de coesão, o movimento que segue o impulso. d) E, enfim, é chamada de natureza também a força que guia o ser vivente". A realidade inteira, em razão da tensão diversa do *pneuma*, divide-se nas seguintes partes: "1) no vínculo fortíssimo das pedras e das madeiras [...] segundo a *força de coesão*, 2) [...] na *natureza* (*physis*) designada às plantas e composta de diversas faculdades: a de se nutrir, a de se desenvolver e a de crescer [...] 3) na *alma* diferente da natureza por três caráteres: a *sensação*, a representação, o impulso" e, 4) enfim, no *intelecto*. Além disso, a natureza pode ser considerada mãe dos viventes porque "permite a subsistência dos corpos animados e dos vegetais, sendo capaz de comunicar o movimento, e *de assimilar o que é congênero, e de expelir o que é estranho*".

Necessidade, necessitarismo: é a concepção, própria dos estoicos, pela qual o ser humano, enquanto parte integrante de um organismo universal, é estritamente dependente não de uma causa em particular, mas *de cada outra realidade* (exatamente como um órgão é ligado ao organismo) e, portanto, é constrito a agir em função do todo.

Noções comuns: ver **Prolepses**.

Oikeiosis ou *apropriação*, ou *primeiro impulso*, ou *primeira conciliação*, ou *princípio de sobrevivência*: os estoicos chamam de princípio da *oikeiosis* aquilo que hoje nós chamamos de *princípio de sobrevivência* dos viventes e que consiste em

> *cuidar de si mesmo, porque* [...] *as coisas que cada ser vivente* sente como mais próprias *[daí o termo grego* oikeiosis*] são* a sua constituição *[ou seja, a identidade individual] e* a consciência *que dela tem, enquanto* [...] *por isto a natureza que o criou o leva a* apropriar-se de si mesmo, evitando as coisas que lhe fazem mal e buscando aquelas que lhe fazem bem.

Por consciência da própria constituição, os estoicos não querem dizer apenas a consciência de si como indivíduo, mas também aquela da espécie de pertencimento (ou então, como poderia um filhote reconhecer a própria mãe e a própria *familiaridade* com os seus "conviventes" em cujo âmbito deverá se reproduzir?). O homem, porém, participa de duas naturezas, aquela biológica e aquela racional, e, portanto, terá duas "apropriações". Enquanto parte da Natureza, deve agir em conformidade com esta como todos os outros seres viventes (*primeira oikeiosis*), mas enquanto participa em modo máximo da Razão deverá reconhecer "a ordem e por assim dizer a concórdia de seus atos" (*segunda oikeiosis*), bem valorizando o conjunto de sua conduta em uma visão sintética, e buscando a *coerência* (*homologia*) de suas escolhas em relação aos princípios. Tal coerência se realiza totalmente na interioridade do homem, que se torna o novo e definitivo teatro da moralidade, substituindo o nível da natureza. Deste momento em diante, o valor moral das ações será julgado não por seu efeito (como aconteceria no campo da natureza), mas pelas intenções que o animaram, e as ações serão medidas apenas com base no incremento (ou decremento) do conhecimento.

Opinião: ver **Representação**.

Organicismo: é a forma que o corporeísmo dos estoicos assume, usando o organismo como modelo para explicar toda a realidade, uma vez reduzida a corpo. Essa escolha não é de se estranhar, enquanto o corpo vivente é o melhor dos seres sensíveis, o mais eficiente, o mais organizado e o mais rico de racionalidade.

Palingênese (regeneração): ver **Eterno retorno**.

Panteísmo: é a concepção que coloca Deus no mundo (imanentismo), frequentemente concebendo-o como ontologicamente homogêneo ao mundo. No caso dos estoicos, deus é o *logos*, ou seja, a razão: e como é evidente que o mundo é regido pela razão, e que a razão (*logos*) o cria e o determina toda vez segundo um crescente de ordem, ela também será criadora. Por tal motivo, é fácil identificar o *logos* com deus.

Paixões: ver **Mal**. Segundo Crísipo: 1) as paixões se produzem apenas em presença da razão, tanto que as crianças e os animais não as têm; 2) são o resultado da atenuação ou até mesmo da cessação da razão; e 3) são acidentais, acontecem quando acontecem e não têm causa. Como princípio, os estoicos reduzem as paixões ou a erros ou a consequências de erros e por tal razão a atitude do sábio em relação a elas não é aquela de buscar uma atenuação e mediação (*metriopatia*), mas um total cancelamento (*apatia*, ou seja, não sentir nem mais seus estímulos), porque os erros não podem ser atenuados, mas são cancelados e substituídos pela verdade. Porém, os medioestoicos Panécio e Posidônio sustentaram uma tese exatamente oposta, reavaliando a *metriopatia* como uso moderado das paixões. Em Epíteto, a paixão é considerada fruto do desejo: "É assim que nasce a paixão – diz nosso filósofo –, quero algo e não posso obtê-lo, ou então temo algo e não posso evitá-lo".

Pessimismo: com Marco Aurélio, o otimismo universal do Estoicismo conectado à fé na Providência vai se dobrando em direção a uma forma de pessimismo acentuado, justificado pela percepção da monotonia e vaidade de todas as coisas.

Pneuma: quer dizer "sopro" e na física estoica corresponde a uma espécie de vento quente que propaga a ação do fogo na forma de um sopro vivificante difuso por todos os lugares. Em tal conceito, os estoicos confluíram uma série de evidências empíricas que mostravam: a) como o calor era coligado à vida (calor vital); b) podia se difundir – mesmo sendo material – de corpo a corpo, penetrando-os (sem ter necessidade do vácuo para se deslocar); c) e, enfim, notaram que o calor é tão mais forte (e, portanto, vivificante) quanto mais estiver perto da fonte (fogo-*logos*). Distinguem-se três tipos de *pneuma* segundo suas funções: *coibente*, *natural* e *psíquico*. Ver também **Hilozoísmo**.

Poder (coisas em nosso poder): para Epíteto, a realidade se divide em duas categorias: as coisas que estão em meu poder e aquelas que não dependem de mim. Destas últimas não devo me ocupar, porque são indiferentes; das primeiras, entretanto, sim. Desse modo, Epíteto reconduz a inteira realidade à perspectiva humana, ultrapassando (mas não anulando) os pressupostos da física. Como o ponto de vista do filósofo é o ponto de vista do homem, não é necessário para fins de sua felicidade – e, portanto, não é sequer interessante – conhecer como é a natureza enquanto tal e quais leis ela segue: serve apenas saber como ela influencia o homem.

Princípios: os estoicos, talvez obtendo o conceito de Platão ou de Aristóteles, baseavam todo o Universo em um tipo de energia física que se traduz na capacidade de agir modificando e constituindo o ambiente, ou de resistir a esta modificação. Dessa forma, o primeiro princípio será o *logos*-deus, o segundo será a matéria, mas ambos são por natureza homogêneos e perfeitamente capazes de interagir sem obstáculos. Ver também **Corporeísmo**. A concepção da matéria se modifica profundamente em Marco Aurélio, que oferece uma interpretação negativa e pessimista (o substrato de cada coisa é a podridão da matéria).

Prolepses ou antecipações: são ideias universais, poderíamos dizer inatas, que permitem que nossa inteligência funcione. Similares a estas são as *noções comuns* que equivalem aos "mais importantes critérios de verdade, sobretudo de âmbito ético, que temos por natureza".

Providência: é a outra face do Destino, enquanto visto como uma evolução positiva em direção ao Bem, orientada pelo *logos* em direção a um "cuidado constante" pelo homem.

Psyché: quer dizer "alma" e em nosso contexto significa a faculdade da razão e a sede da vontade individual. Ver também **Alma**.

Representações: temos as representações quando a sensação alcança a alma e se sobrepõe ao juízo do *logos*, que está no hegemônico. Esse juízo se chama assenso e se traduz em um tipo de passagem para o mundo do conhecimento superior, à qual nem todas as representações terão acesso, mas apenas aquelas que foram reconhecidas como *cataléticas* (= claras e distintas); as outras, as *acataléticas* (ou seja, pouco claras) serão relegadas ao campo da *fantasia* ou da *opinião*. A representação por si é capaz de induzir no ânimo humano uma reação que pode ser de *familiaridade* ou de *estraneidade*, e de determinar dentro de certos limites a conduta sucessiva à obra *do impulso* e do *desejo*. O problema da liberdade moral do homem se focaliza no conceito do assenso.

Sábio (*sofos*): sábio é aquele que assume sobre si a vontade do *logos*, ou seja, quer aquilo que a Providência quer. Em poucas palavras, renuncia a ter uma vontade própria e aceita de bom grado tudo o que lhe acontece, dando-lhe um sentido. Em tais condições, aquilo que ele deseja, realiza, e por isto é absolutamente livre, onipotente e feliz, a ponto de se propor não mais como uma categoria ética, mas como um modo diverso e superior de ser homem. Na visão de Sêneca, o sábio possui *a ciência da liberdade*, que consiste em ver as coisas do alto, anulando a dramaticidade dos eventos. Deste modo, o homem que é dotado desta sapiência tem uma serenidade extraordinária porque, qualquer coisa que aconteça, ele se sente seguro e assiste, a distância, aos fatos de sua vida e da vida do mundo enquanto estes, por efeito da Providência, desenvolvem-se necessariamente da melhor das formas. Em Musônio Rufo, a ética fundamenta-se quase exclusivamente na função exemplar do sábio enquanto tende a privilegiar o sentido prático da moral em relação ao teórico. No poeta estoico romano Lucano, o sábio – representado pela figura de Catão – assume um destaque ainda superior ao do Destino, enquanto combate uma sorte inevitável, porém injusta.

Sensação: para os estoicos, a sensação é o primeiro nível de conhecimento e é carregada de diversos significados: a) chama-se sensação o *pneuma* que provém do hegemônico e que escorre pelos sentidos; b) ou então a compreensão que se realiza por meio dos sentidos; c) ou a coordenação dos vários sentidos. d) Para os estoicos, as sensações são corpóreas.

Silogismo: ver **Anapodíticos**.

Simpatia cósmica: exprime a interdependência das partes do mundo concebido como organismo animado pelo *pneuma*. Antecipa o nosso conceito de ecossistema e muitos princípios da ecologia atual.

Suicídio: a atitude dos estoicos em relação ao suicídio é complexa. No âmbito da *moral natural* (a "bioética" voltada à espécie) é inaceitável, porque contrasta com a lei universal da *oikeiosis*. Da mesma forma também para o tolo, mesmo que se encontre em condições extremas de vida, "é preferível ficar vivo". Entretanto, para o sábio "em muitos casos – quando está impossibilitado de exercitar a escolha segundo a razão que a sua natureza imporia – é um dever preciso sair da vida". O suicídio foi cometido por Sêneca e por outros expoentes do Estoicismo romano ligados à resistência a Nero e a Domiciano, como exemplo extremo da liberdade e da independência do sábio.

Tolo: o homem tolo age sempre de forma errada e se comporta como louco, porque a paixão cancela seu relacionamento com a razão e ao mesmo tempo lhe bloqueia as possibilidades de correção, tornando-o surdo a qualquer correção racional.

Tônus ou tensão (do *pneuma*): também na presença de um único Universo e de um único *pneuma* há uma enorme variedade de seres, porque há uma concentração diferente e força de sopro vital que, quanto mais concentrado é, tanto mais ordenado e coeso torna o corpo sobre o qual age, e quanto menos concentrado é, tanto mais perde os valores da razão, para se reduzir a uma simples força de aglomeração. O *tônus* garante a diferença entre os órgãos de um corpo vivente, os quais não gozam de uma vida própria, mas da vida do organismo que os hospeda.

Virtude: seguindo o princípio da *oikeiosis* do homem (*vide*) que impõe a busca de tudo o que beneficie a razão, a virtude não será nada além da *ciência*, e o vício nada além da *ignorância*. Estabelecido este ponto, os estoicos discutiram longamente (mas sem chegarem a uma posição definitiva) o número das virtudes: se estas eram numerosas conforme a tradição ditava, ou se era apenas uma.

Vontade: é um tema introduzido e desenvolvido por Sêneca que, rompendo o esquema do intelectualismo helênico (basta conhecer o bem para fazer com que ele atue!), introduz o termo *voluntas*, o qual, se não tinha na língua grega um correspondente preciso, era entretanto compatível com a liberdade do assenso que já no pensamento do primeiro Estoicismo pode negar a evidência e "virar o rosto" diante da verdade.

Zeus: também para os estoicos Zeus é o nome do rei dos deuses e, portanto, faz parte da esfera religiosa. Mas, graças ao princípio da alegorese, ele é também um nome do *logos* e, portanto, o termo técnico também da filosofia. Por esta ambivalência, os estoicos podiam asserir que na conflagração cósmica "todos os deuses possam ser assumidos em Zeus sob a forma de Zeus". Em Musônio Rufo, influenciado pela religiosidade etrusca, a superioridade de Zeus em relação aos outros deuses é extraordinariamente acentuada, da mesma forma de sua natureza pessoal, e próxima ao homem.

Referências

Edição de referência para os estoicos antigos

Stoicorum Veterum Fragmenta, Collegit H. von Arnim (o volume IV é editado por M. Adler), 4 v., Lipsia, 1903-1924. (Citado com a sigla usual de SVF, seguida do número do volume).

Traduções e notas das coletâneas Bompiani

Stoici romani minori, introdução de R. Radice; ensaios introdutórios, tradução, notas e críticas por I. Ramelli. Milão: Bompiani, 2008 (Contém: *L'Astronomia*, de Marco Manílio; *Diatribe, frammenti, testimonianze*, de Musônio Rufo; *Compendio delle dottrine tramandate relative alla teologia greca*, de Aneu Cornuto; *Testimonianze e frammenti*, de Queremão de Alexandria; *Coliambi e satire*, de Aulo Pérsio e Trásea Peto; *La Guerra Civile*, de Aneu Lucano; *Satire*, de Décimo Júnio Juvenal; *Lettera al figlio*, de Mara Bar Serapion. Bibliografia, p. 2527-2554).

Stoici antichi: todos os fragmentos, colhidos por Hans von Arnim; Introdução, tradução, notas e críticas por R. Radice; Apresentação de G. Reale, Milão: Bompiani, 2002.

Epíteto. *Tutte le opere*. Ensaio introdutório de G. Reale, por C. Cassanmagnago, com a colaboração de R. Radice e G. Girgenti, Milão: Bompiani, 2009 (Bibliografia, p. 1141-1169).

Lúcio Aneu Sêneca., *Tutte le opere*. Por G. Reale, com a colaboração de A. Marastoni, M. Natali, I. Ramelli. Milão: Bompiani, 2000 (Bibliografia, p. 1399-1446).

Musônio Rufo. *Diatribe, frammenti e testimonianze*. Por I. Ramelli. Milão: Bompiani, 2001 (Bibliografia, p. 339-345).

Panécio. *Testimonianze e frammenti*. Introdução, edição, tradução, notas e comentários críticos por E. Vimercati. Milão: Bompiani, 2002 (Bibliografia, p. 340-354).

Posidônio. *Testimonianze e frammenti*. Introdução, tradução, comentário e críticas por E. Vimercati, Apresentação de R. Radice. Milão: Bompiani, 2004 (Bibliografia, p. 719-735).

Marco Aurélio. *Pensieri*. Introdução, tradução, notas e críticas por C. Cassanmagnago. Milão: Bompiani, 2008 (Bibliografia, p. 559-568).

Léxico

The Stoics. Lexicon I. Edited by R. Radice (in collaboration with L. Palpacelli, V. Pisoni, I. Ramelli, L. Stochino, F. Scrivani, E. Vimercati), 4 v. Milão: Biblia, 2007.

Literatura crítica essencial

Passions and perceptions: studies in Hellenistic Philosophy of mind, proceedings of the 5th Symposium Hellenisticum. Edited by J. Brunschwig and M.C. Nussbaum. Cambridge-MA: Cambridge University Press, 1993.

Antichi e moderni nella filosofia di età imperiale. Atti del II colloquio internazionale (Roma, 21-23 set. 2000). Por A. Brancacci. Nápoles: Bibliopolis, 2001.

Seneca e il suo tempo. Anais da Conferência Internacional de Roma-Cassino (11-14 nov. 1998). Por P. Parroni. Roma-Salerno, 2000.

ALGRA, K. Stoic Theology. *In:* INWOOD B. (Ed.). *The Cambridge Companion to The Stoics*. Cambridge: Cambridge University Press, 2003, p. 153-178.

ALLAN, S. G. *Seneca and the idea of tragedy.* Oxford: Oxford University Press, 2010.

BLANK D.; ATHERTON, C. The Stoic Contribution to Traditional Grammar. *In:* INWOOD, B. (Ed.). *The Cambridge Companion to the Stoics.* Cambridge: Cambridge University Press, 2003, p. 310-327.

BOBZIEN, S. Logic. *In:* INWOOD, B. (Ed.). *The Cambridge Companion to the Stoics.* Cambridge: Cambridge University Press, 2003, p. 85-123.

BOYS-STONES, G. R. *Post hellenistic philosophy. A study of its development from the stoics to Origen.* Oxford: Oxford University Press, 2001.

BRENNAN, T. *Stoic Moral Psychology*. *In:* INWOOD, B. (Ed.). *The Cambridge Companion to the Stoics*. Cambridge: Cambridge University Press, 2003, p. 257-294.

BRUNSCHWIG, J. Stoic Metaphysicsi. *In:* INWOOD B. (Ed.). *The Cambridge Companion to the Stoics*. Cambridge: Cambridge University Press, 2003, p. 206-232.

COLISH, M. L. *The stoic tradition from antiquity to the early Middle Ages. Studies in the history of Christian thought*, 2 v. Leiden: Brill, 1985.

DONINI, P. L. Fato e volontà umana in Crisippo. *In: Atti della Accademia delle Scienze di Torino*, 109, 1975, p. 187-230.

FREDE, D. Stoic Determinism. *In:* INWOOD, B. (Ed.). *The Cambridge Companion to the Stoics*. Cambridge: Cambridge University Press, 2003, p. 179-205.

GILL, C. The School in the Roman Imperial period. *In:* INWOOD, B. (Ed.). *The Cambridge Companion to the Stoics*. Cambridge: Cambridge University Press, 2003, p. 33-58.

GOURINAT J. -B.; BARNES J. (Ed.) *Lire les Stoïciens. Philosophie ancienne*. Paris: Puf, 2009.

GRAESER, A. *Plotinus and the Stoics: a preliminary study*. Leiden: Brill, 1972.

GRIMAL, P. *Il secolo degli Scipioni. Roma e l'ellenismo al tempo delle guerre puniche*. Brescia: Paideia, 1981.

_____. *Seneca*. Milão: Garzanti, 1992.

HADOT, P. *La cittadella interiore: introduzione ai Pensieri di Marco Aurelio*, Milão: Bompiani, 1996.

HANKINSON, R. J. Stoic Epistemology. *In:* INWOOD, B. (Ed.). *The Cambridge Companion to the Stoics*. Cambridge: Cambridge University Press, 2003, p. 59-84.

HANKINSON R. J. Stoicism and Medicine. *In:* INWOOD, B. (Ed.). *The Cambridge Companion to the Stoics*. Cambridge: Cambridge University Press, 2003, p. 295-309.

HARTE, V.; McCABE, M. M.; SHARPLES, R.W.; SHEPPARD, A. (Ed.). *Aristotle and the Stoics Reading Plato*. Londres: Institute of Classical Studies, University of London, 2010.

HILL, C. C. *Hellenists and hebrews. reappraising Division within the Earliest Church*. Minneapolis-MI: Fortress, 1992.

INWOOD, B. Introduction: Stoicism, an intellectual odissey. *In:* INWOOD B.(Ed.). *The Cambridge Companion to the Stoics*, Cambridge: Cambridge University Press, 2003a, p. 1-6.

_____. (Ed.). *The Cambridge Companion to the Stoics*. Cambridge: Cambridge University Press, 2003b.

IOPPOLO, A. M. *Aristone di Chio e lo Stoicismo antico*. Nápoles: Bibliopolis, 1980.

_____. *Opinione e scienza. Il dibattito fra stoici ed accademici nel III e nel II secolo a.C.* Nápoles: Bibliopolis, 1986.

IRWIN, T. H. *Stoic naturalism and its critics*, In: INWOOD, B. (Ed.). *The Cambridge Companion to the Stoics*. Cambridge: Cambridge University Press, 2003, p. 345-364.

JADAANE, F. *L'influence du Stoïcisme sur la pensée musulmane*. Beirute: 1967.

JONES, A. The Stoics and the Astronomical Sciences. *In:* INWOOD, B. (Ed.). *The Cambridge Companion to the Stoics*. Cambridge: Cambridge University Press, 2003, p. 328-344.

LONG, A. A. *La filosofia ellenistica: Stoici, Epicurei, Scetici*. Bolonha: il Mulino, 1997.

_____. Stoicism in the philosophical tradition: Spinoza, Lipsius, Butler. *In:* INWOOD, B. (Ed.). *The Cambridge Companion to the Stoics*. Cambridge: Cambridge University Press, 2003, p. 365-392.

MAGRIS, A. *La filosofia ellenistica. Scuole dottrine e interazioni col mondo giudaico*. Brescia: Morcelliana, 2001.

MIGNUCCI, M. *Il significato della logica stoica*. Bolonha: Patron, 1965.

MULLER, R. *Les Stoïciens: la liberté et l'ordre du monde*. Paris: Vrin, 2006.

NUSSBAUM, M.C. *Terapia del desiderio. Teoria e pratica nell'etica ellenistica*. Milão: Bompiani, 1998.

POHLENZ, M. *La Stoa. Storia di un movimento spirituale*. Milão: Bompiani, 2005.

RADICE, R. *Oikeiosis. Ricerche sul fondamento del pensiero stoico e sulla sua genesi*. Milão:Vita e pensiero, 2000.

REALE, G. *La filosofia di Seneca come terapia dei mali dell'anima*. Milão: Bompiani, 2004.

REYDAMS-SCHILS, G. *The roman stoics. Self, responsibility and affection*. Chicago-IL: University of Chicago Press, 2005.

SALLES, R. *The stoics on determinism and compatibilism*. Aldershot: Ashgate, 2005.

SANDBACH, F. H. Aristotle and the stoics. *Cambridge Philological Society*, Supplementary Volume, n. 10, Cambridge, 1985.

SCARPAT, G. *Il pensiero religioso di Seneca e l'ambiente hebraico Cristiano*. Brescia: Paideia, 1983.

SCHOFIELD, M. Stoic Ethics. *In:* INWOOD, B. (Ed.). *The Cambridge Companion to the Stoics*. Cambridge: Cambridge University Press, 2003, p. 233-256.

SCHOFIELD, M. *The stoic idea of the city*. Cambridge: Cambridge University Press, 1991.

SEDLEY, D. The School, from Zeno to Arius Didymus. *In:* INWOOD, B. (Ed.). *The Cambridge Companion to the Stoics*, Cambridge: Cambridge University Press, 2003, p. 7-32.

SELLARS, J. *The art of living: the stoics on the nature and function of philosophy*. Aldershot: Ashgate, 2003.

SETAIOLI, A. (Ed.). *Seneca e la cultura*. Nápoles: Edizioni scientifiche Italiane, 1991.

SPANNEUT, M. *Le Stoïcisme des pères de l'Église: de Clément de Rome à Clément d'Alexandrie*. Paris: Editions de Seuil, 1957.

STRANGE, S. K.; ZUPKO, J. (Ed.). *Stoicism: traditions and transformations*, Cambridge-Nova York: Cambridge University Press, 2004.

VEYNE, P. *Seneca*. Bolonha: il Mulino, 1999.

VOLK, K.; WILLIAMS G.D. (Ed.). *Seeing Seneca whole. Perspectives on philosophy, poetry and politics*. Leiden: Brill, 2006.

WHITE, M. J. Stoic natural philosophy (Physics and Cosmology). *In:* INWOOD, B. (Ed.). *The Cambridge Companion to the Stoics*. Cambridge: Cambridge University Press, 2003, p. 124-152

Índice onomástico

A

Academia – 18, 19, 22

Acadêmicos – 145

Aécio – 68, 180

Agripina (mãe de Nero) – 213

Alcmeão pitagórico – 109

Alexandre de Afrodísia – 43, 152

Alexandre Magno – 17, 18, 270

Ânito – 62

Antíoco de Ascalão – 207

Antípatro de Tarso – 145, 199

Apolodoro de Selêucia – 69, 136

Apolônio (filho de Molon) – 207

Arcesilau de Pitane – 24, 25, 77, 164, 224, 265

Arnim, Hans von – 20, 68, 86, 287

Ário Dídimo – 126

Aristão de Quios – 134, 135

Aristóteles de Estagira – 19, 23, 25, 36, 37, 52, 65, 109, 167, 197, 274, 279

Aristotélicos – 67, 167, 198

Arriano, Flávio – 237

B

Burro (prefeito do Pretório) – 213

C

Calcídio – 55
Calígula (Caio Júlio César Germânico, imperador) – 213
Calpúrnio Pisão – 214
Carnéades – 25
Cassanmagnago, Cesare – 187, 243, 251, 253, 288
Catão Uticense – 171, 224, 281
César Caio Júlio – 239
Céticos – 18, 77, 164, 272
Cícero Marco Túlio – 120, 121, 126, 127, 128, 145, 150, 153, 158, 173, 195, 197, 198, 207
Cínicos – 18, 19, 21, 196, 265
Cláudio (Tibério Cláudio César Augusto Germânico, imperador) – 213
Clemente Alexandrino – 195
Cornuto – 69, 287
Crates de Malos – 69
Crates de Tebas – 20, 21, 265
Cristianismo – 146, 258

D

Demócrito de Abdera – 153

Dicearco – 197

Diódoto – 207

Diógenes de Babilônia – 64, 79, 189

Diógenes, o cínico – 19, 20, 21, 230, 265

Diógenes Laércio – 19, 20, 21, 22, 117

Dionísio de Magnésia (reitor) – 207

Domiciano, Tito Flávio (imperador) – 24, 224, 229, 237, 282

E

Élis, escola de – 18

Empédocles de Agrigento – 255, 256

Epicurismo – 24, 268

Epicuristas – 74, 77, 152, 268

Epicuro de Samos – 73, 74, 80, 116, 121, 124, 129, 153, 274

Epifânio – 198

Epíteto de Hierápolis – 24, 26, 188, 214, 224, 237, 238, 239, 240, 241, 242, 243, 244, 245, 249, 250, 257, 269, 270, 272, 278, 279

Espeusipo de Atenas – 19

Estobeu João – 133, 195

Estoicismo médio, medioestoicos – 26, 264, 266, 274, 278

F

Filão de Alexandria – 21, 69, 86

Filão de Biblos – 69

Filão de Larissa – 207

Filopator – 172

G

Galeno – 67, 169

Gélio Aulo – 131, 160

Gigante Marcello – 117

Gregório de Nissa – 146

H

Hadot, Pierre – 186, 187

Hécato – 136

Helenismo – 17, 19, 131, 270

Helvidio Prisco sênior – 224

Héracles – 62

Heráclito de Éfeso – 33, 37, 38, 39, 57, 58, 59, 70, 147, 148, 267, 270

Herênio Senécio – 224

Holl, Karl – 198

J

Judaísmo alexandrino – 69, 70

Justino Mártir – 224

L

Lucano Aneu – 171, 223, 224, 281, 287

Lucchetta, Giulio – 69

M

Marco Aurélio (imperador) – 26, 187, 249, 251, 252, 253, 254, 255, 256, 257, 271, 278

Marinone, Nino – 127, 128

Megáricos – 18

Meleto – 62

Menipo da Cária – 207

Messalina – 213

Mnasea (pai de Zenão) – 20

Musônio Rufo – 26, 69, 229, 230, 231, 232, 233, 237, 281, 284

N

Natali, Monica – 181, 184, 215

Neoestoicismo – 26, 225, 229, 249, 264

Nero (Lúcio Domício Enobarbo, imperador) – 24, 213, 214, 223, 224, 229, 282

O

Otávia (mulher de Nero) – 213

P

Panécio de Rodes – 26, 197, 198, 199, 201, 205, 263, 266, 273, 274, 278

Perípato – 19

Pisianatte – 20

Platão de Atenas – 18, 19, 23, 24, 25, 36, 37, 62, 83, 104, 135, 197, 262, 265, 274, 279

Platonismo – 206, 255, 258

Plotino de Licópolis – 145, 147

Polignoto – 20

Popeia – 213

Posidônio – 26, 28, 84, 199, 205, 206, 207, 262, 263, 273, 278

Q

Quefisodoro (reitor) – 25

R

Radice, Roberto – 69, 120, 145, 224

Ramelli, Ilaria – 69, 224 230, 232

Reale, Giovanni – 218, 219, 220, 225, 228

S

Sêneca, Lúcio Aneu – 24, 26, 118, 119, 178, 184, 200, 213, 214, 215, 216, 217, 219, 220, 222, 223, 224, 225, 226, 237, 262, 263, 266, 281, 282, 283

Sexto Empírico – 88

Simplício – 80

Sócrates de Atenas – 80

Sófocles – 173

T

Teofrasto de Eresos – 19, 173

Trásea Peto – 223, 229

U

Usener, Hermann – 153

V

Vespasiano, Tito Flávio (imperador) – 229

Viano, Carlo – 126

Vimercati, Emmanuele – 197, 205

X

Xenocles de Adramite (reitor) – 207

Xenócrates – 19

W

Wachsmuth, Curzio – 126

Esta obra foi composta em CTcP
Capa: Supremo 250g – Miolo: Pólen Soft 80g
Impressão e acabamento
Gráfica e Editora Santuário